Ngā Tai Whakarongorua | Encounters

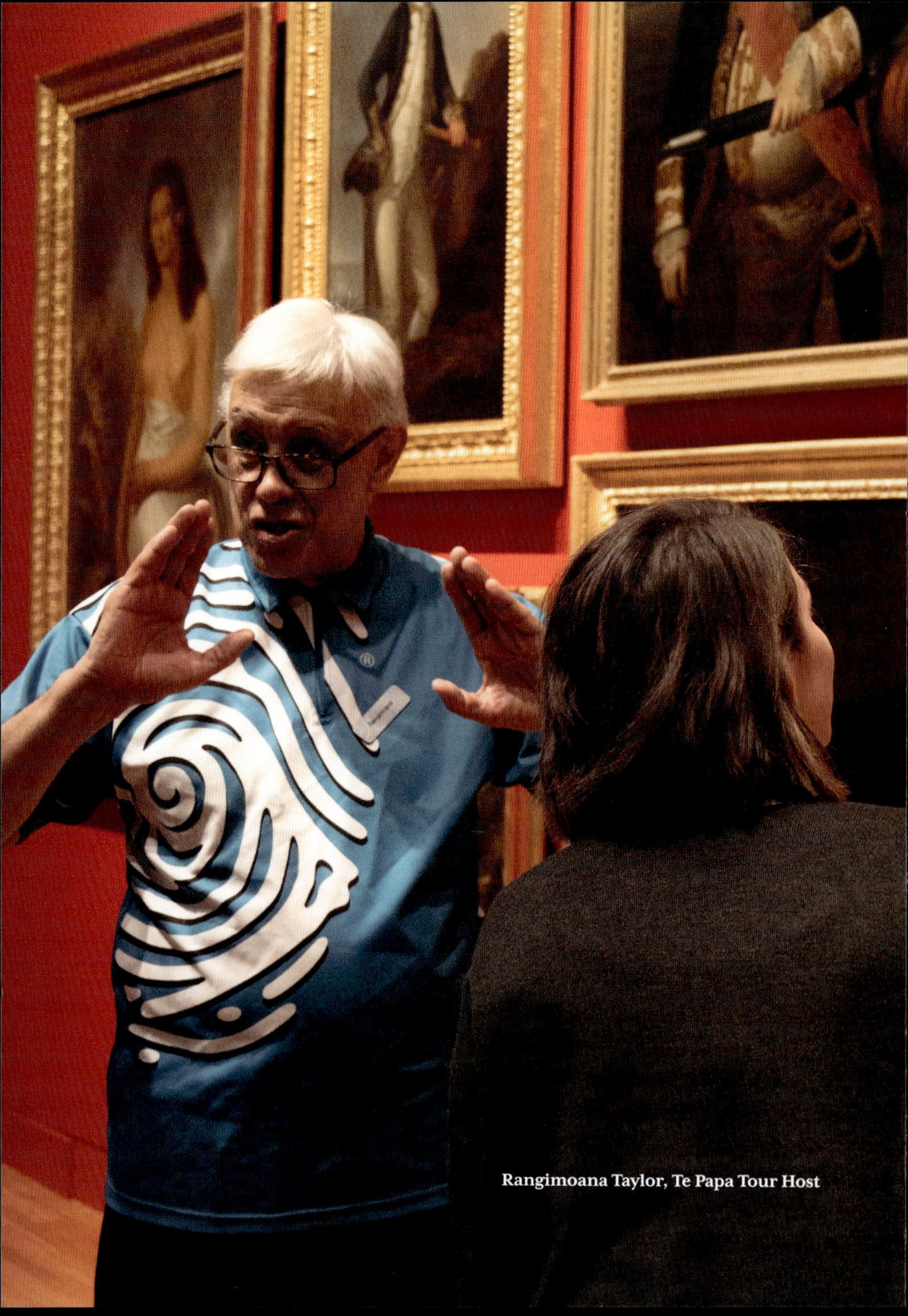

Rangimoana Taylor, Te Papa Tour Host

Ngā Tai Whakarongorua

Encounters

TE PĀTŪ KŌWAIWAI KIRITANGATA KI TOI TE PAPA

THE PORTRAIT WALL AT TOI ART TE PAPA

Rebecca Rice and Matariki Williams

PRESS

Ngā kōrero | Contents

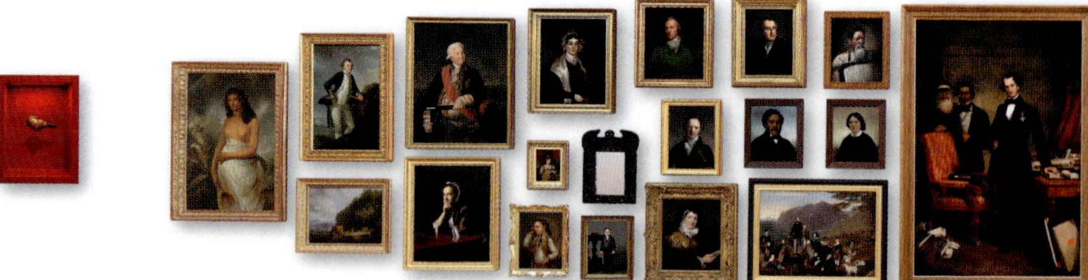

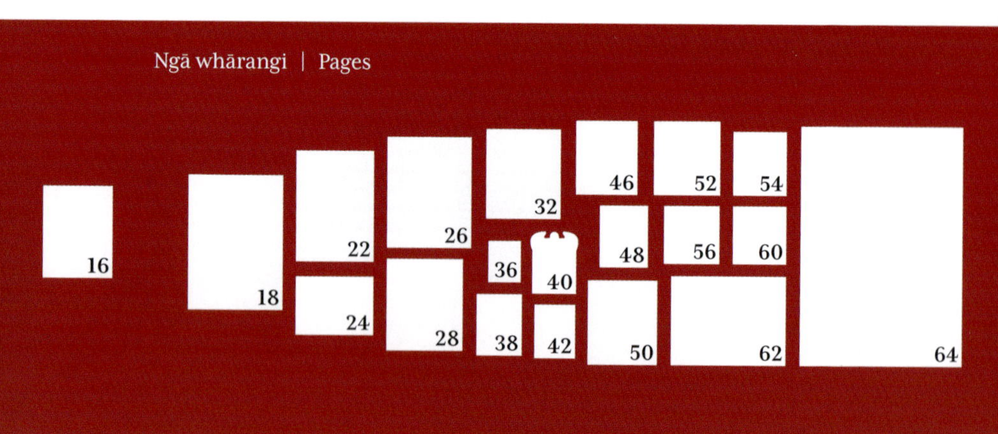

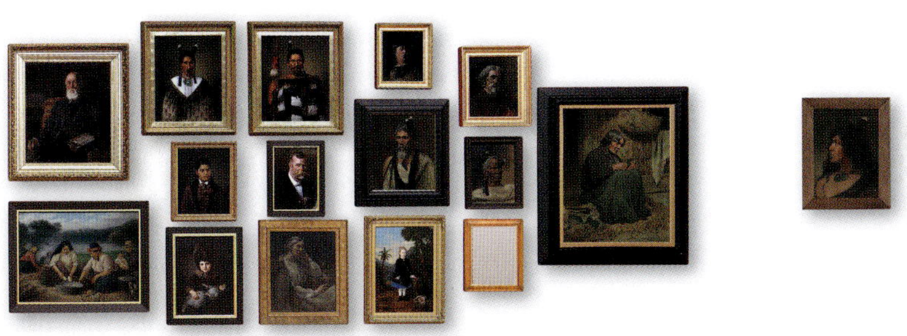

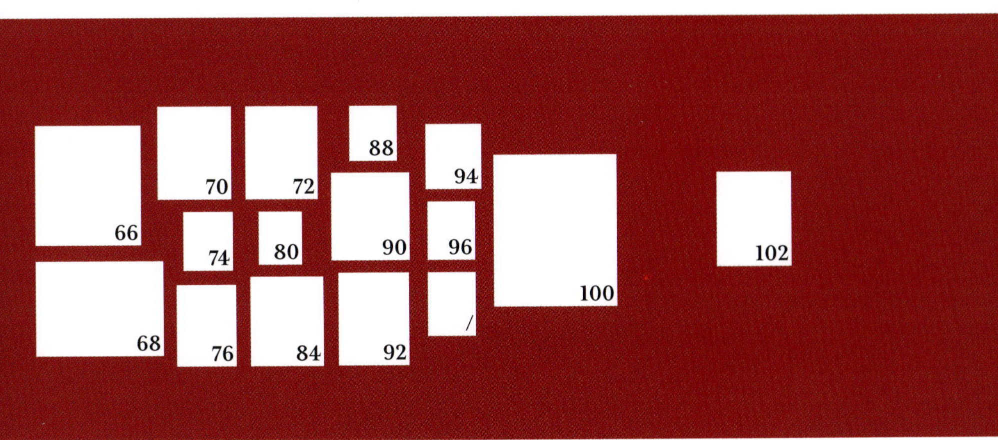

88
70
72
94
66
74
80
90
96
102
100
/
68
76
84
92

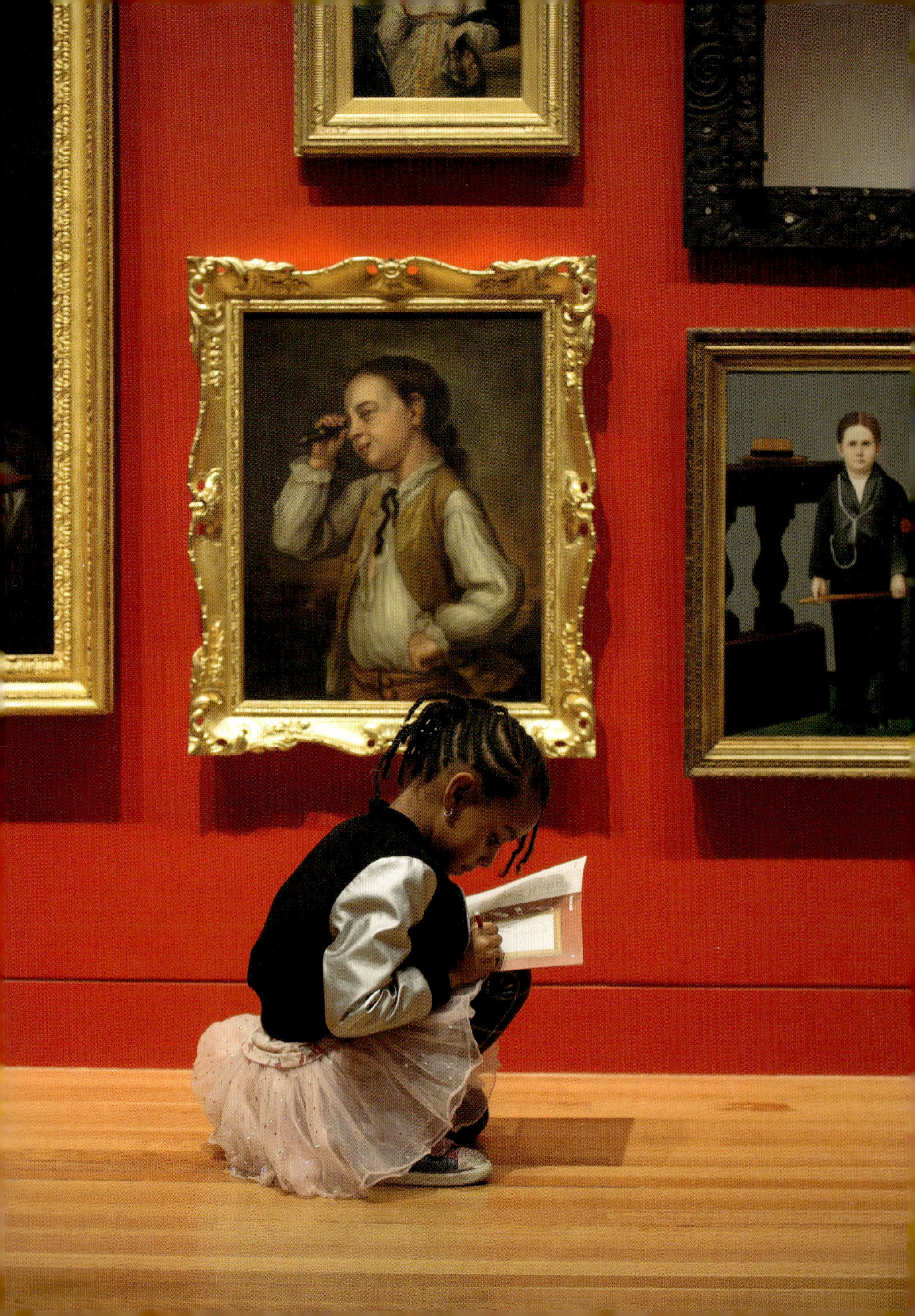

He Tūtakinga, He Tūtukinga
Encounters and Collisions

He aha te mea nui o te ao? He tangata, he tangata, he tangata
What is the most important thing in the world? It is the people, it is the people, it is the people

E hia nei ngā au kōrero e rere ana i te whakaaturanga o *Ngā Tai Whakarongorua | Encounters*, arā, i te rūma kōwaiwai kiritangata o te whare toi o Te Papa Toi Art. Kei te ingoa tonu te tikanga, arā, ehara i te mea e hāngai pū ana te whakamāoritanga o te taitara ki te reo Pākehā, engari anō, he huihuinga tēnei o ngā reo maha, he whakatūtukinga o ngā tai kōrero o te moana nui, o te moana pokopoko. Hei tauira, ko te whakatūnga o te taonga pūoro (wh. 16) me te kōwaiwai kiritangata o tētahi wahine Māori (wh. 102) hei pou mō te whakaaturanga nei – he momo tūtakinga anō tēnei.

He wairua pai tō te taitara i te reo Pākehā, he hokinga mahara ki ngā whakaahuatanga pai o mua mō te tūtakinga tuatahi o te Māori me ngā kaumoana o te *Endeavour*. Kāore he kōrero mō ngā tūkinotanga i pā. Heoi anō, kō tā te taitara reo Māori, he whakaahua i te whakarongotanga o ngā tai, ā, he mana ō ngā tai e rua.

Kei te taitara reo Māori te tohutohu tuatahi e pā ana ki tō tirohanga ki te rūma: kia mahara ki ōu anō whakamārama mō ngā tini kōrero e mau ana ki te pakitara nei, he rerekē anō te rere o tō tai kōrero ki ō ētahi atu.

A multiplicity of kōrero are on display throughout the exhibition *Ngā Tai Whakarongorua | Encounters*, the room of portraits in Te Papa's Toi Art gallery. The name itself reflects the multi-vocal approach to translation as a parallel to, rather than directly from, English to te reo Māori, or vice versa. The decision made to bookend the gallery with a taonga tūturu (p. 16) and the portrait of an unknown Māori woman (p. 102) is a further example of representing this range of approaches.

In English, the title has echoes of the sanitised and nostalgic way in which early meetings between Māori and the crew of the *Endeavour* were first described, a description absent of the violence that occurred. When approached through the te reo title, however, the room speaks of tides of listening and of duality.

The te reo title gives us the first instruction on how to read the room: be aware of how you interpret the many kōrero captured on the wall, your interpretation could differ from how others make their way through these stories.

Kei te taha mauī rā, kei roto i tētahi kēhi kua kuhuna ki te pakitara, tētahi pūtātara. He taonga pūoro, he tini āna tikanga – ko tētahi ko te taonga whakaaraara. He wā tōna, ka whakatangihia te pūtātara i te wā o te pakanga, nā whai anō, kua whakairihia tēnei taonga ki tōna anō wāhi motuhake ki te pakitara, hei tīmata i te haerenga o te kaitoro mai i te taha mauī ki te taha matau.

I a māua ko tōku hoa kairaupī, ko Rebecca Rice, e whakawhitiwhiti kōrero ana mō ngā tikanga maha a ngā kōwaiwai kiritangata, rite tonu tō māua hokinga atu ki te whakaaro māmā nei, arā, ko te mahi a te kōwaiwai kiritangata he whakaatu i te tangata tonu. Arā, e whakaatu ana ngā kōwaiwai nei i te āhua tonu o ēnei tāngata – he māmā noa te kite atu. He rerekē anō te taonga. E mārama ana ki te Māori he tohu tēnei mō ngā tīpuna, heoi, ehara i te mea e mārama ana te nuinga ki tēnā whakaaro.

Tokomaha ngā Māori (e mōhiotia ana ētahi, kāore ētahi e mōhiotia ana) kei roto i tēnei rūma. Ko tōku hiahia, kia whakamanahia ngā ara rerekē e kitea ai te tangata Māori, arā, ko te taonga tētahi o aua ara. Nō roto tonu mai i tōku ake whānau, i tōku ake hapū, i tōku ake iwi tēnei āhuatanga, arā, hei tauira, ko tēnei pūtātara. Ko Te Umukohukohu te ingoa. Tērā tētahi wā, nā te rangatira, nā Te Whenuanui te taonga nei. He tangata rongonui ia nō tō mātou iwi, nō Tūhoe. I te wā i takoha mai, i te tau 1906, kua noho te taonga rā ki te whānau mō ngā reanga e ono. Nō te tau 1867 te whakatangihanga whakamutunga – i a Te Whenuanui e whawhai ana i ngā Pakanga Whenua.

On the immediate left-hand side, in a case inserted into the wall, is a pūtātara, a taonga pūoro which has many functions, one of which is to sound when danger is coming. At times, pūtātara were used in warfare, and for this reason we decided to place it alone on the wall, at the start of a visitor journey from left to right.

When discussing the many functions of portraiture, my fellow curator Rebecca Rice and I returned time and again to the simple idea that portraits represent people. For paintings — recognisable images of the people they depict — this is immediately apparent. Taonga are different. Māori understand that taonga can, and do, represent tīpuna, but this understanding is not broadly grasped by others.

Many Māori, named and unnamed, are in this room, and I wanted to ensure that we acknowledged that there are other ways in which tangata Māori can be represented; that is, through taonga. I know this to be true within my own whānau, hapū and iwi, a fact very much expressed in this pūtātara. Named Te Umukohukohu, at one time it belonged to the Tūhoe rangatira Te Whenuanui, who is famed among our iwi. At the time of its gifting, in 1906, it had been in the care of the whānau for six generations and had last been blown in about 1867, when Te Whenuanui was actively engaged in the New Zealand Wars.

Ahakoa kei te kohinga a Te Papa tēnei taonga e mau ana i tēnei wā, kei te ū tonu ngā hononga ki ngā uri. Kei te mihi hoki mātou ki a rātou nā rātou i tautoko te whakairinga o tēnei taonga ki tēnei whakaaturanga. Ko tētahi atu take matua anō i whakairihia a Te Umukohukohu ki tēnei pakitara, nō te tīmatanga o te whakarārangitanga mai o ngā taonga, ko te whakaaro tuatahi, ka whakahāngaihia te whakatakotoranga o ngā taonga ki ngā kōrero mō ngā mahi a Kāpene James Cook. Heoi, ehara i te mea ko Cook te orokotīmatanga mai o ā tātou hītori o Aotearoa, kei ngā tāngata whenua kē tērā mana. Hāunga anō tērā, e kore e taea te wetewete i ngā here a te tāngata whenua ki ā tātou hītori, ki ā tātou kōrero – ahakoa i poroa aua here e ngā mahi tāmi, kei te taunakihia tonutia ngā hononga rā e ngā taonga, pērā i a Te Umukohukohu.

Otirā, ko taua poronga anō tētahi wāhi nui o ngā kōrero mō tēnei whenua. I a tātou e whai ana i te tai kōrero a te pakitara, ka kitea ngā au e toro atu ana ki Te Moananui-a-Kiwa tae atu ki Ūropi, ā ka hoki mai anō. Heoi, kua whatia ētahi o ngā tai rā e te pānga mai o te mahi tāmi. E toru ngā kōwaiwai kiritangata o ngā wāhine Māori, kāore i te mōhiotia ngā ingoa, o rātou rohe, waihoki ō rātou iwi. He huarahi pea tēnei whakaaturanga e whakaarahia ake ai ngā kōrero, e whakakotahi ana anō i ngā tīpuna ki ō rātou iwi.

Though it now resides in the Te Papa collection, connection to the uri of this taonga remain, and we thank them for supporting the display of their taonga in this exhibition. The other critical reason for placing Te Umukohukohu on this wall was because the loose chronology represented on the longer wall had initially started with the exploits of Captain James Cook. However Aotearoa and our history does not start with Cook, it starts with tāngata whenua. Not only that, but tāngata whenua have indisputable connections to our histories and kōrero which, although interrupted by colonisation, are still evident in taonga like Te Umukohukohu.

This interruption, however, is also part of the story of this whenua. As we make our way along the wall, it becomes evident that the tīpuna exhibited have threads that extend throughout Te Moananui-a-Kiwa to Europe and back again, but some of those threads have been fractured by the impact of colonisation. There are three portraits of unknown Māori women whose names, rohe and iwi we do not know. Display is one of the ways in which we may be able to surface more information about them, and reconnect them with their people.

He taonga anō te kūware. Me āta wetewete tātou ngā āhuatanga i pā ki Aotearoa, kua kore e mau i a tātou te ingoa o te wahine Māori e kitea ana ki te pikitia o *He wahine Māori*. Kua titia tōna makawe ki te pare huia. He tohu rangatira te rau huia; mēnā he taonga tuku iho tēnei nā te Māori, ka ngaro tōna ingoa, pērā i te ngarohanga kua pā ki tēnei whakaahua nā tēnei ringatoi, nā Wilheim Dittmer? Hāunga anō te kūware, ehara i te mea kua ngaro hoki tōna mana. Waihoki, he mea nui kia āta kitea hoki te tūturutanga o ēnei mahi ki runga i ō tātou iwi ki runga i te pakitara. He taonga whakahīhī hoki pea a *He wahine Māori* ki ngā Māori e noho kūware ana ki ō rātou whakapapa, kāore hoki e mōhio ana ki ō rātou marae: kei te tū hoki rātou i runga i tō rātou ake mana tangata.

The unknowingness here is important. We need to critically engage with the events in Aotearoa that led to the wahine Māori depicted in *Māori woman* with a huia feather in her hair not having had her name recorded. The feather indicates her high status; would her name have been forgotten had this been a taonga tūturu passed down through generations of Māori, rather than a depiction made by the artist Wilhelm Dittmer? Despite this unknowingness, it is clear that her mana has not been compromised, and it is important that we represent this reality of our people on the wall, too. *Māori woman* can thus be a source of pride for Māori who live within the realities of not knowing their whakapapa and not having connections to their marae: they, too, may stand within the mana of their identity.

Matariki Williams (Tūhoe, Te Atiawa, Ngāti Whakaue, Ngāti Hauiti),
Kairaupī Mātauranga Māori
Curator Mātauranga Māori

E toru tekau mā ono ngā kōwaiwai kiritangata e iri ana ki te pakitara pūwhero o te whakaaturanga o *Ngā Tai Whakarongorua | Encounters* – ānō he pakitara tēnei o tētahi whare rangatira ki Piritana, he whakaaturanga rānei nō Ūropi i te rautau 18 te āhua o te hora o ngā pikitia mai i te tuanui ki te papa. Heoi, e kore tēnei kohinga kōwaiwai kiritangata e kitea ki aua wāhi, hāunga anō tētahi atu whare toi, tētahi atu whare taonga rānei.

The thirty-six portraits that make up *Ngā Tai Whakarongorua | Encounters* hang on a rich red wall, spanning its length from floor to ceiling in a manner that invokes the salon hang of British stately homes or nineteenth-century European exhibitions. But this collection of portraits is not one that you would find in either of these contexts or, arguably, in any other gallery or museum.

Kei te noho tahi ngā kōwaiwai kiritangata o ngā iwi o Te Moananui-a-Kiwa, o te Māori me ngā tāngata nō Ūropi ki te wāhi kotahi. He kōwaiwai tūmatanui ētahi, he ōkawa te āhua: ānō he tirohanga motuhake ētahi atu ki ngā ao tūmataiti. E noho tahi ana ngā rangatira me ngā tauhou. He ringatoi, he ringarehe, he tākuta, he kāpene, he hoa rangatira, he pouaru, he māmā, he kōhine me ngā tama. Āe, ehara rawa tēnei i te pakitara kōwaiwai kiritangata e mōhiotia whānuitia ana. Engari kē, he kohikohinga tēnei o ngā kōwaiwai kiritangata nō te kohinga toi ā-motu o Te Papa – kua mātoro te nuinga i ngā tōpito o te ao i mua mai i te taunga mai ki konei. E whai whakapapa ana te katoa ki Aotearoa, mā te kaupapa, mā te ringatoi, mā te pūtakenga rānei.

He mea tiki mai ēnei nā māua ko Matariki Williams i te whānuitanga o te hora o ngā momo kōwaiwai kiritangata, arā, koia tētahi o ngā tino mahi toi o mua, ā, he kaupapa i tino kaingākautia e ngā tāngata o Piritana. Ehara i te mea ka ohorere te tangata i te kawenga mai o te mahi kōwaiwai kiritangata ki te koroni hou o Piritana, arā, ki Aotearoa, nō muri atu i te taunga mai o te Pākehā i te tau 1840. He mahi whai tikanga tonu te mahi kōwaiwai kiritangata, ahakoa mā te iwi whānui, mā te tangata kotahi rānei. Hei tā Thomas Carlyle, he kaitaunaki mā te whare toi kōwaiwai kiritangata ā-motu o Rānana, ānō 'he kānara iti' ngā kōwaiwai kiritangata, 'e taea tuatahitia ai ngā Haurongo te pānui, ā, ka rangona hoki ngā whakamārama a te hunga tangata'.[1] Ko te

Portraits of Pacific, Māori and Europeans share the same space. Some are public and formal; others feel like intimate glimpses into private worlds. Renowned rangatira sit alongside unknown subjects. There are artists, makers, doctors, captains, husbands and wives, widows, mothers, girls and boys. No, this is not a traditional portrait wall in any sense. Rather, it is an eclectic selection of portraits drawn from Te Papa's national art collection, many of which travelled the world before finding a home here. All share a connection to Aotearoa New Zealand, whether by virtue of the subject, the artist, or the portrait's provenance.

The portraits Matariki Williams and I have selected for this exhibition span the practice of portraiture, one of the most traditional of art forms, and one with which the British were particularly obsessed. It is not surprising, then, that portraits were part of the cultural baggage exported to the new British colony of New Zealand following its settlement in 1840. Within this tradition, the production of portraits, both public and private, was always purposeful. Thomas Carlyle, a prominent advocate for London's National Portrait Gallery, believed that portraits could act as 'a small lighted candle by which the Biographies could for the first time be read and some human interpretations be made of them'.[1] Carlyle's ideal portrait was of a heroic figure who could inspire the public, a role John

1. Cited in Ellen G Miles, 'Fame and the public self in American portraiture', in Carolyn Kinder Carr and Ellen G Miles (eds) *A Brush with History: Paintings from the National Portrait Gallery*, Washington DC: National Portrait Gallery, Smithsonian Institution, 2001, p. 26.

tino kōwaiwai kiritangata ki a Carlyle, ko tērā o tētahi tuatangata, he pou whakaaweawe mā te nuinga, koia pū pea te hanga o te kōwaiwai a John Webber nō te tau 1780, arā, o *Portrait of Captain James Cook* (wh. 22).

Arā anō ētahi atu, he take motuhake kē te kaupapa, pērā i *Mrs Humphrey Devereux*, he mea tono nā John Greenwood mō tōna māmā, kia kite ia 'i te tūturutanga o tōna kanohi i tēnei wā tonu, i te ekenga mai o tōna kaumātuatanga' (wh. 28). E whakapūmau ana tēnei whakaaro i te tuhinga a Jonathan Richardson, he ringatoi kōwaiwai kiritangata i te tau 1715, e whakapuaki ana i te kōrero, 'ko tā te pikitia o te Whanaunga, o te Hoa rānei, he tākirikiri i ngā Tauwharenga o te Ngākau, e ngoikore haere ana i te Ngarohanga, ā, he mātua whakaū, he whakanui hoki i te Aroha me ngā Kawenga o te Ngākau ki ngā Hoa, ki ngā Mātua, ki te Whānau me te Whaiāipo'.[2]

Ka hangaia hoki ngā kōwaiwai kiritangata i runga i te wairua pākiki. Mai anō i ngā terenga tuatahi o ngā iwi o Ūropi ki Aotearoa me Te Moananui-a-Kiwa i te paunga o te rautau 17, ko tā ngā kōwaiwai kiritangata, he whakawhiti mātauranga mō ngā tūtakinga tāngata, pērā i te wahine rangatira o Poetua nō Rai'iātea (wh.18), hei ngata i te hiakai o ngā kaimātakitaki ki ngā whakaahua nō rāwāhi. Ka ū tonu tēnei hiahia ki ngā whakaahua o te Māori i te roanga o te rautau 18, e whakaihiihia ana e te mahi tāmi me te taenga mai o ngā mātanga kiritangata, pērā i a Gottfried Lindauer.

Webber's *Portrait of Captain James Cook*, painted about 1780, would readily fill (p. 22).

Other portraits served more personal purposes, such as *Mrs Humphrey Devereux*, commissioned by John Greenwood of his mother so that he might see 'her face as she now appears, with old age creeping upon her' (p. 28). This commission confirms what Jonathan Richardson, an English portraitist, wrote in 1715, when he claimed that 'the picture of an absent Relation, or Friend, helps to keep up those Sentiments which frequently languish by Absence and may be instrumental to maintain, and sometimes to augment Friendship, and Paternal, Filial, and Conjugal Love, and Duty'.[2]

Portraits were also made out of curiosity. From the first voyages of Europeans to Aotearoa New Zealand and the Pacific in the late eighteenth century, portraits communicated knowledge about peoples encountered, such as the Ra'iātean princess Poetua (p. 18), to audiences hungry for images of faraway places. The interest in picturing Māori continued through the nineteenth century, stimulated by colonisation and by the arrival of portrait specialists such as Gottfried Lindauer.

2. Ibid., p. 22.

Ka riro ngā kōwaiwai kiritanga o te Māori i te Pākehā, pērā i te kiritangata o Wī Tako Ngātata nā Lindauer, ā, i ahu mai tērā i te kohikohinga a te tangata kaipukapuka nō Pōneke, arā, i a Alexander Turnbull (wh. 54). Heoi, ehara i te mea ko rātou anake te hunga e hoko haere ana i ngā kōwaiwai kiritangata. Hei tā te mātanga hītori toi, hei tā Roger Blackley, 'ka tere kapohia ake tēnei tikanga kiritangata hanga tūturu nei nō Ūropi e te ao Māori'.[3] Hei tauira, nā ngā kainoho tonu te kōwaiwai kiritangata whakahirahira o Raita Tuterangi rāua ko tōna hoa tāne, ko Paramena Te Naonao, i tono i a Lindauer i te tau 1885 (wh. 70 mā 72).

Hāunga anō te āhua o te tono, he tohu ngā kōwaiwai kiritangata o tētahi hononga i waenga i tētahi tokotoru, arā, ko te kainoho, ko te kaihoko, ko te kaimātakitaki rānei me te ringatoi. He maramara noa ngā waihotanga kōrero e pā ana ki ngā whakaritenga mō te āhua o ēnei kōwaiwai. Nā wai te whakatau e pā ana ki ngā kākahu o te kainoho – ki te āhua o te tū o te tinana, ki te mahi a ngā ringa, ki ngā whakarākei, ki te papa o muri hei paku whakamārama ko wai rātou, me te pānga o ērā āhuatanga ki te tirohanga o ngā kaimātakitaki o taua wā, o ngā rā ki tua anō hoki? He aha hoki rā ngā kōrero a te kainoho me te ringatoi i a rāua e whai haere ana i te tukanga o te waihangatanga o te kōwaiwai kiritangata? Āe rānei ka whākina atu e Harata Rewiri Tarapata (wh. 100) ki te ringatoi, ki a Charles F Goldie, ngā kōrero mō te wā i a ia e

Portraits of Māori were acquired by Pākehā, such as Lindauer's portrait of Wi Tako Ngātata, which came from the collection of Wellington bibliophile Alexander Turnbull (p. 54), but they were not the only patrons of portraits. As art historian Roger Blackley notes, the 'vivid lifelike realisations of European portraiture' readily found 'acceptance within the Māori world'.[3] For example, the stunning pair of portraits picturing husband and wife Raita Tuterangi and Paramena Te Naonao were commissioned from Lindauer by the sitters in 1885 (pp. 70 and 72).

Whatever their circumstances of commissioning, portraits represent a three-way relationship between the sitter, the patron or intended audience, and the artist. Only occasionally can we retrieve an inkling of the conversations that informed how the portraits look. How was it decided what the subject would wear – what their pose, gesture, adornments and background might suggest of who they were, and how they were presented to immediate and future audiences? What did the subject and the artist discuss as they worked through the process of designing the portrait? Did Harata Rewiri Tarapata (p. 100) recount stories about her past to the artist Charles F Goldie when she was a teenager during the Northern Wars? Did she perhaps tell Goldie about her husband, leading him to incorporate taonga symbolising his presence in the painting?

3. Roger Blackley, *Galleries of Maoriland: Artists, Collectors and the Māori World, 1880–1910*, Auckland: Auckland University Press, 2018, p. 162.

rangatahi ana i te wā o ngā Pakanga Whenua o Te Raki? Āe rānei ka whākina ki a Goldie ngā kōrero mō tōna hoa tāne, nō reira anō tōna whakaaro ki te tā i ētahi taonga hei tohu mōna i roto i te kōwaiwai?

Kei te hinengaro tāngata anake ngā whakautu ki ēnei pātai, heoi, ko tā ngā pātai nei, he whakahē i te pōhēhē o te nuinga e mea ana, kāore he kōrero kei muri i ngā mahi kōwaiwai kiritangata. Kāore e kore, ka areare te taringa i ngā momo whakawhitinga kōrero ki waenganui i ngā kainoho o tēnei whakaaturanga – ka pokaina ngā rama o te whare taonga, he aha te mahi a ēnei taonga? He aha rā hoki te kōrero a Poetua ki tana mauhere, ki a James Cook? He aha rā ngā tāpaenga kōrero a ngā ringatoi me ngā kaiwaihanga ki runga i tēnei pakitara ki a rātou anō, arā, a George Dawe, a Charles Barraud, a Ānaha Te Rāhui, a Dorothy Kate Richmond rānei?

He tini whāioio ngā kōwaiwai kiritangata, otirā, he tini anō ōna mata, waihoki, ōna kaiwhakawā. He take tautohetohe ngā kōwaiwai kiritangata i roto i te whare toi. Me whakanui tātou te kiritangata i runga i te tūturu o te āhua ki tōna kainoho, arā, ki te tangata mōna te kiritangata? Me whakanui rānei i te ringatoi nāna te kōwaiwai kiritangata i peita me ōna pūkenga toi? Me whakanui tātou ngā pikitia o ngā tāngata rongonui me ngā tuatangata, me aro nui kē tātou ki te hunga e whai pānga ana ki a tātou ake?

The answers to these questions can only be imagined, but they refute a commonly held assumption that narratives or stories are absent from portraiture. Indeed, the conversations that could take place between the subjects pictured in this exhibition would be worth hearing – one wonders what takes place when the lights go off in the museum. What would Poetua say to her captor, James Cook? What advice might the artists and makers represented on this wall, including George Dawe, Charles Barraud, Ānaha Te Rāhui and Dorothy Kate Richmond, share?

Portraiture is one of the most prolific genres of painting, but it is also one of the most complex, and one of the most judged. In the context of an art gallery, portraits can provide an uneasy tension. Do we value portraits for their verisimilitude to the original subject, because of who that subject was? Or do we value portraits because of who painted them, and their artistic style? Do we respond to pictures of celebrities and heroes, or do we care more about those to whom we feel personally connected?

He māmā noa iho te take e ngākaunuitia ana tēnei whakaaturanga, arā, kei te whakapoapoatia te tangata e te tangata – ko te wairua pākiki ki te tangata te pūtakenga o tō tātou noho ki tēnei ao.[4] Ahakoa he mea kawe mai te kōwaiwai kiritangata e te kaitāmi, e taunaki ana *Ngā Tai Whakarongorua | Encounters* i te whakaaro, ko te whare toi te kāinga tūturu o te kōwaiwai kiritangata. Kei konei e whakapuakina ana, e whakanuia ana te toi o Ūropi me te hononga ki ngā kainoho Pākehā rātou ko ngā iwi taketake. Ehara i te mea he kohikohinga a *Ngā Tai Whakarongorua | Encounters* mō te iwi whai rawa, mō te hunga rongonui anake rānei, kāore i te kaha kitea ngā 'tuatangata' hei whakaaweawe i te nuinga. Heoi, e whakaatuhia ana ki konei tētahi kohinga motuhake, he kohinga whānui o ngā kōwaiwai kiritangata e whakatinana ana i te tūtakinga o ngā tai maha, o ngā tai rerekē – o mua, o nāianei, o anamata – nō roto i te wā me ngā wāhi maha. Kei te whakanuia ngā tīpuna tūturu me ngā taonga o Aotearoa, he momo whakapapa anō tēnei nō Te Papa e kite ai ngā kaimātakitaki i a rātou anō.

The enduring appeal of this exhibition arises from the very simple fact that people are attracted to people – curiosity about our fellow human beings is central to our very existence.[4] While portraiture might have arrived in this country as part of our colonial baggage, *Ngā Tai Whakarongorua | Encounters* proves that the art gallery is a natural home for it. Here, our heritage of European art and its connection to our settler and indigenous cultures is exposed and celebrated. *Ngā Tai Whakarongorua | Encounters* is not a collection of the rich and famous, and it is not concerned with presenting 'heroes' who might inspire the masses. Rather, it offers up a unique and broad range of portraits that embody many and varied encounters – past, present and future – across time and place. It celebrates both the real and the metaphorical ancestors of Aotearoa New Zealand, presenting a kind of whakapapa for Te Papa in which audiences can see themselves.

Rebecca Rice
Curator Historical New Zealand Art

4. Anne Gray, *Face: Australian Portraits 1880–1960*, Canberra: National Portrait Gallery, 2010, p. 15.

Ko Te Umukohukohu te ingoa o tēnei pūtātara nō te wā o Te Whenuanui, he rangatira nō Tūhoe. I whakatangihia i ngā tau 1860 i ngā Pakanga Whenua, i a Te Whenuanui e ārahi ana i tana iwi ki te pakanga atu ki ngā ope taua a te kāwanatanga. I taua wā rā, kua noho kē te taonga nei i waenganui i te whānau mō ngā reanga e ono.

E hono ana ngā taonga, pēnei i Te Umukohukohu, i ngā tīpuna ki ō rātou uri, ā, e mau ana hoki i ngā kōrero a rātou mā.

Tē mōhiotia te ringatoi
Tūhoe, Aotearoa

'Te Umukohukohu' pūtātara, ngā tau 1600

Anga, rākau, kaka, 230 × 110mm

He mea hoko 1958 (WE001059)

This pūtātara, called Te Umukohukohu, is associated with Tūhoe leader Te Whenuanui. It sounded during the 1860s New Zealand Wars, when Te Whenuanui led his people against government troops. By that time, it had already been in the family for six generations.

Taonga such as Te Umukohukohu connect ancestors to their descendants, and are wrapped in the stories of those gone before.

Maker unknown
Tūhoe, New Zealand

'Te Umukohukohu' pūtātara (conch-shell trumpet), 1600s

Shell, wood, fibre, overall 230 × 110mm

Purchased 1958 (WE001059)

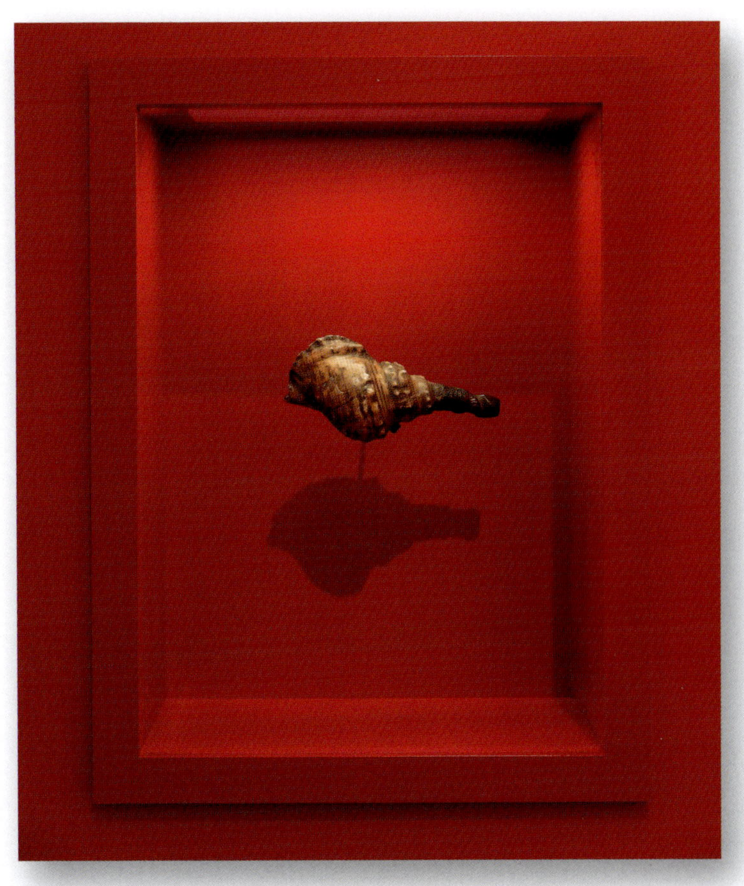

Ko Poetua te tamāhine a Oreo, he rangatira nō Ra'iātea. I te wā e ū ana te kaipuke o James Cook (he kaitoro nō Piritana) ki i te tau 1777, i tana haerenga tuatoru, ka whakarērea ia e tokorua o āna kaumoana. I hopukina a Poetua rātou ko tana tāne, ko tana tungāne hoki e Cook, hei akiaki i te tangata whenua ki te whakahoki atu i te tokorua rā.

Nā te ringatoi a te kaipuke rā, nā John Webber ētahi huahua o Poetua i tā, ā, ka tutuki tana mahi peita i tana hokinga atu ki Rānana. I te tau 1875, ko *Poedua* te kōwaiwai kiritangata tuatahi ki te whakaatu i tētahi wahine nō Te Moana-nui-a-Kiwa ki te hunga nō Ūropi – ehara i te whakaahua o tētahi wahine hapū e mauherea ana ki runga i tētahi kaipuke tauiwi, engari kē he wahine ātaahua e menemene ana, e karapotia ana e ngā rākau matomato o tōna motu.

Kua whakaahuahia a Poetua e Webber hei Atua Kariki – heoi, kua ūhia kē ki te tapa, kaua ki tētahi o ngā kākahu tawhito o Ūropi. Kei te mau tahiri (patu rango) a Poetua. He mea hanga ki ngā huruhuru kua whakatinahia ki te kakau rākau, ki te kakau kōiwi rānei – he tohu o tōna mana nui. Kua āta whakanikohia te tatau (tāmoko) i runga i ngā ringaringa o Poetua.

John Webber (1751–1793)
Ingarangi

***Poedua* [Poetua], *daughter of Oreo, chief of Ulaietea* [Ra'iātea], *one of the Society Isles*, 1785**

Peita hinu, kānawehi, taitopa 1660 × 1160mm

He mea hoko 2010 (2010-0029-1)

Poetua was the daughter of Oreo, a chief of Ra'iātea in what is now French Polynesia. While British explorer James Cook was anchored there in 1777, on his third Pacific voyage, two of his crew deserted. To force the locals to help return them, Cook took Poetua hostage, along with her husband and brother.

The artist on board this voyage, John Webber, made sketches of Poetua, and completed the painting on his return to London. When it was exhibited in 1785, *Poedua* was the first portrait to present a Pacific woman to European audiences – an image not of a pregnant captive, held against her will on board a foreign vessel, but rather of a placidly smiling ideal of exotic beauty surrounded by the lush foliage of her island home.

Webber has posed Poetua as if she were a Greek goddess, but he has draped her in tapa (bark cloth) rather than a classical garment. She holds a tahiri, or fly whisk, made of feathers fixed to a handle of wood or bone – a symbol of her chiefly status. The tatau (tattoos) adorning her hands and arms have also been carefully detailed.

John Webber (1751–1793)
England

***Poedua* [Poetua], *daughter of Oreo, chief of Ulaietea* [Ra'iātea], *one of the Society Isles*, 1785**

Oil on canvas, frame 1660 × 1160mm

Purchased 2010 (2010-0029-1)

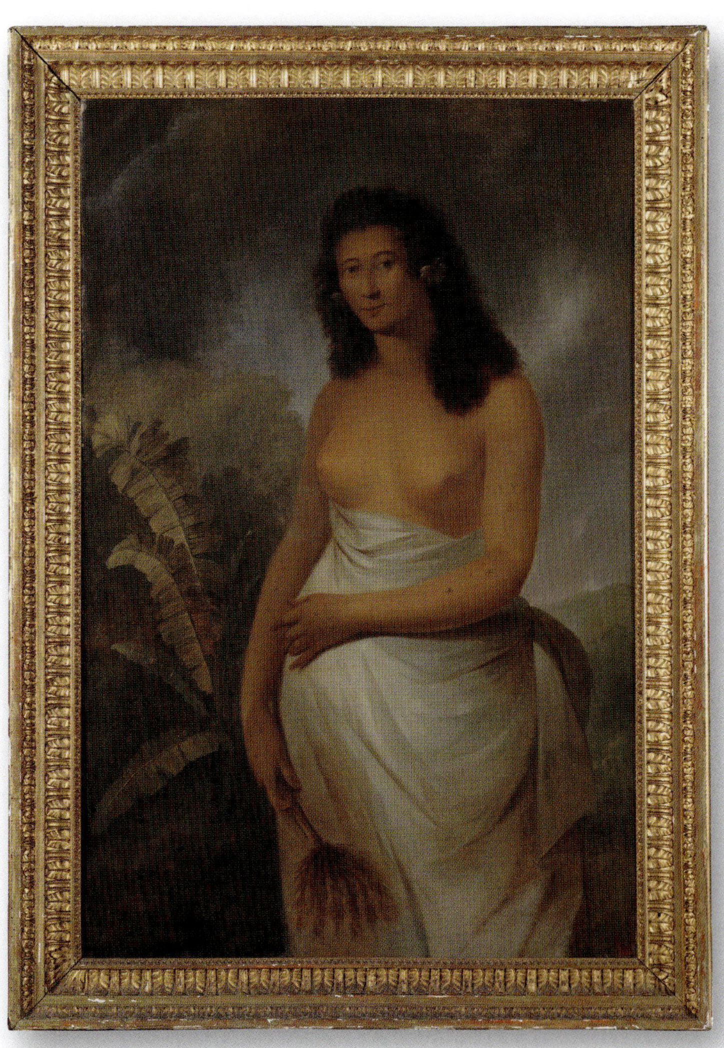

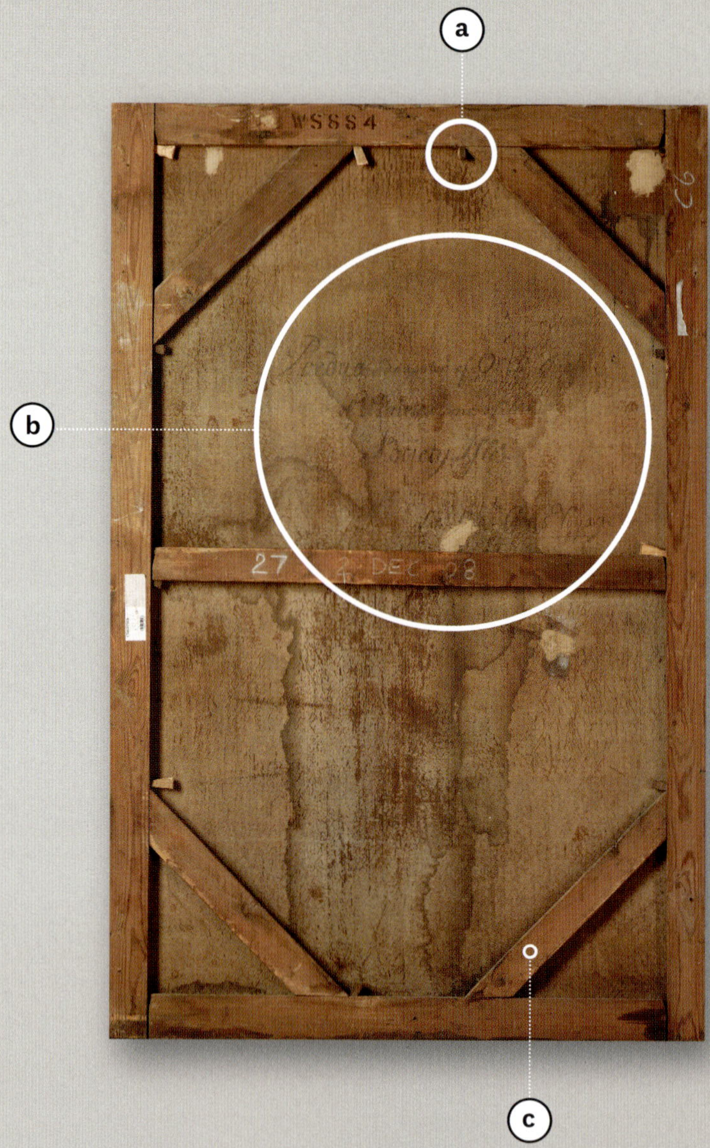

a
b
c

Ngā tapuwae o mua

Ko te kōwaiwai kei mua, ko āna tini kōrero kei muri – he tuhituhi, he tapanga, he whakapaipai. Kāore e tino kitea ana tētahi kōwaiwai he rite te kaumātua ki a *Poedua*. He maha hoki ngā āhuatanga taketake o tēnei mahi toi, pērā i te kānawehi tōrua me te maramara rākau kūtoro.

---

a Ko te kī taketake tēnei, arā, ko tētahi maramara rākau e kuhuna ana ki te kokonga o te tāpare kia renarena ai te takoto o te kānawehi – nō te tau 1785.

---

b Te āhua nei, nā te ringatoi, nā John Webber, tēnei kōrero i waituhi. Kua tāngia te ingoa o te mahi toi me ētahi kōrero mō te rerenga o Kāpene Kuki. Kua ngaro te roanga o te rārangi whakamutunga i ngā mahi hakatikatika o mua, kāore e taea te pānui.

---

c He tikanga tōrua te raranga mai o te kānawehi, e mau ana ki te papa kūtoro rākau. He mea rerekē te kuhu atu i tētahi teka ki ia kokonga – tērā pea, nā te rahi o te kōwaiwai i pērā ai.

Traces of the past

Turn a painting over, and you'll find traces of its past lives – inscriptions, labels, and repairs. But it's rare to see a painting as old as *Poedua* with so much that is original, right down to the twill canvas and wooden stretcher.

---

a One trace is an original key – a piece of wood inserted into a corner join to keep the canvas taut – which dates back to 1785.

---

b This ink inscription was probably written by the artist, John Webber. It gives the title of the work, and refers to Cook's voyage – the final line is obscured by an early repair mark and difficult to decipher.

---

c The canvas is a twill weave, supported on a wooden stretcher. Unusually, *Poedua* has a supporting wooden strut at each corner – perhaps because of the painting's large size.

E hāngai ana tēnei kōwaiwai kiritangata ki ngā mahi a te ringatoi, a John Webber, i mua i te matenga o Cook ki Hawai'i i te tau 1779. Koia tētahi o ngā whakaahua ruarua noa i peitahia mō te āhua tūturu o Cook e tētahi tangata i mōhio pū ki a ia.

Nō muri i te terenga, ka tukuna e te ringatoi, e John Webber, tēnei kōwaiwai kiritangata ki te pouaru a Cook – ko te whakapae, ko te ōhākī tērā o Cook. Heoi, ehara i te mea i whakamaurutia te mamae o te wahine rā e te pikitia nei: He mārō tana titiro atu, he mata muha tō Cook.

Kei te kiritangata nei ngā tīwhiri ki ngā waihotanga mai a Cook. E tohu ana te paikaraihe he kaihōpara rongonui a Cook – he tangata mātai rangi, mātai whenua anō hoki. Kei te pupuri ia i tētahi pōtae kokonga toru. He karapu kei tōna ringa matau e huna ana i te weriweri o tōna ringa nō muri atu i te pahūtanga o tētahi kapu paura pū, i roto tonu i tōna ringaringa.

John Webber (1751–93)
Ingarangi

***Portrait of Captain James Cook*, takiwā o 1780**

Peita hinu, kānawehi, taitapa 1333 × 935mm

He takoha nā te Kāwanatanga o Aotearoa, 1960
(1960-0013-1)

This portrait is based on studies that artist John Webber made before Cook's death in Hawai'i in 1779 and is one of just a handful of images of Cook painted from life by someone who knew him well.

After the voyage, Webber presented the portrait to Cook's widow, Elizabeth – apparently at her husband's wish. It probably offered her little comfort: Cook's expression is austere, even grim.

The portrait holds clues to Cook and his legacy. A telescope identifies him as a great explorer – someone who scans the heavens and horizons. He holds a tricorn (three-cornered) hat in his gloved right hand – concealing the disfigurement he suffered when a horn of gunpowder he was holding exploded.

John Webber (1751–93)
England

***Portrait of Captain James Cook*, about 1780**

Oil on canvas, frame 1333 × 935mm

Gift of the New Zealand Government, 1960
(1960-0013-1)

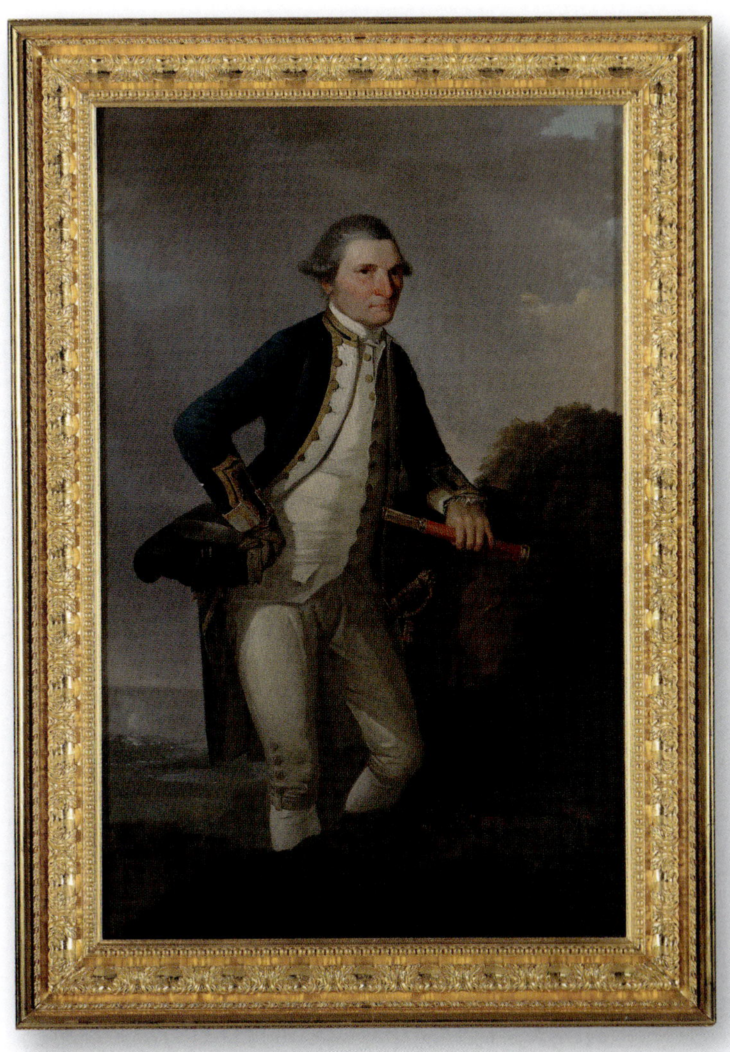

I te taunga atu o te waka o *Resolution* ki Meretoto (Ship Cove) ki Tōtaranui i te marama o Pepuere i te tau 1777, koinā te taenga tuarima o Cook ki tērā taunga mārire.

I tana haerenga tuarua i te tau 1773, i runga i te waka o *Adventure*, tokomaha āna kaumoana i kōhurungia ki te Whanga o Wharehunga e Ngāti Kuia me Rangitāne. Kāore a Cook i ngaki utu, ā ko tōna mana te utu i te mutunga iho. Ka rangona tonu te wairua kino i te terenga tuatoru o Cook, heoi, tē arohia e Webber. Ko tāna kē he peita i tēnei whakawhitinga pai i waenga i ngā iwi nei.

E whakaahuahia ana ngā kaumoana e whakatūtū haere ana i ngā tēneti. He whare mātai ātea ēnei tēneti e taea ai e Cook me āna kaumoana te ine i te rere o ngā arorangi. E mau ana ngā Māori i ngā ika ki uta. Ka aro atu a Webber ki ngā āhuatanga ā-iwi, pērā i te pōhoi toroa – he mau taringa kua hangaia ki ngā rau o te toroa kei te taringa o te tangata e anga mai ana tōna tuara ki a tātou. E tika ana te āhua taurapa, engari kei te hē te rahi o ngā wāhanga o tēnei waka – tērā pea, nā te mea i peitatia tēnei e te ringatoi i a ia i Ingarangi, tekau tau i muri atu i tana taenga atu.

John Webber (1751–93)
Ingarangi

***Ship Cove, Queen Charlotte Sound*, takiwā o 1788**

Peita hinu, kānawehi, taitapa 774 × 951mm

He mea hoko mai i Te Ara toi o Whakatū nā te pūtea a Te Puna Tahua, 1991; he takoha nā Tā Francis Henry Dillon Bell ki te Te Aratoi o Whakatū, 1931 (1991-0005-1)

When James Cook moored the *Resolution* at Meretoto, or Ship Cove, in Tōtaranui Queen Charlotte Sound in February 1777, it was his fifth visit to the tranquil anchorage.

During his second voyage, in 1773, on the *Adventure*, several members of the crew had been killed at nearby Wharehunga Bay by local iwi Ngāti Kuia and Rangitāne. Cook refused to avenge their deaths, leading to a loss of mana in the eyes both of his crew and iwi. This tension carried over into Cook's third voyage, but was ignored by Webber, who instead presents a scene of congenial exchange.

The crew are pictured busily setting up camp on the shore. The tents housed mobile observatories used by Cook and his crew to make astronomical measurements. Māori are bringing up fresh fish from the sea. Webber pays attention to ethnographic details, such as the pōhoi toroa – an ear ornament made of albatross feathers, worn by the man standing with his back to us. The taurapa, or sternposts, of the waka have been accurately depicted, but the waka's proportions are wrong, perhaps owing to Webber having painted the scene in England, ten years after his visit.

John Webber (1751–93)
England

***Ship Cove, Queen Charlotte Sound*, about 1788**

Oil on canvas, frame 774 × 951mm

Purchased 1991 from the Bishop Suter Art Gallery, Nelson, with New Zealand Lottery Grants Board funds; gift of Sir Francis Henry Dillon Bell to the Bishop Suter Art Gallery, 1931 (1991-0005-1)

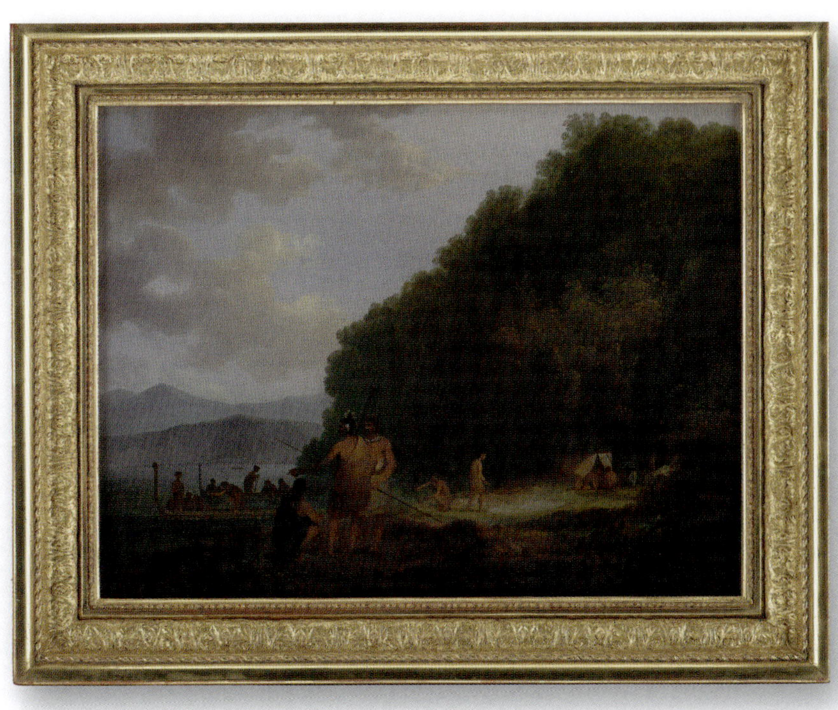

I te tau 1782, i whawhai a Ātimara Tā Edward Hughes (c. 1720–1794) Anō te Ope Kātua o te Kuīni i ngā pakanga kaumoana wetiweti e rima ki ngā kaipuke o Wīwī ki te Rāwhiti o Īnia. I peitatia tana kōwaiwai kiritangata i tana hokinga atu ki Ingarangi. Kua whakarangatirahia a Hughes, e mau ana i ngā kākahu papai o te ātimara, arā, ko ngā here kōura, ko ngā pōtēte rēhi me te uru makawe kēhua mā.

Ko te whetū mā i te koti o Hughes me te tāpeka kura, he tohu o te Order of the Bath – he tohu mana i Piritana. Kei muri, ko te kaipuke matua o Hughes, e 74 ngā pū, arā, ko te HMS *Superb*, e tau ana ki te taha o ngā kaipuke o Ingarangi, kei raro iho nei ngā taipitopito.

Nā tētahi o ngā uri o te kaihoko tuatahi te kiritangata nei i heri mai ki Aotearoa i te tau 1860. He kaingarahu nō te Ope Kātua te kaihoko, i whawhai tahi rāua ko Hughes.

Tē mōhiotia te ringatoi

***Portrait of Admiral Sir Edward Hughes*, takiwā o 1786**

Peita hinu, kānawehi, taitapa 1366 × 1108mm

He takoha nā te whānau a Burton Boys, 2006 (2006-0008-1)

In 1782, Admiral Sir Edward Hughes (c. 1720–1794) of the Royal Navy fought five fierce naval battles with the French fleet in the East Indies.

As was the practice, on his return to England he sat for his portrait. Hughes has been immortalised wearing an admiral's full dress uniform, complete with gold braid, lace frills, and a white wig.

The white star pinned to his jacket, and his scarlet sash, are symbols of the Order of the Bath, a British order of chivalry. In the background, Hughes's 74-gun flagship, HMS *Superb* can be seen anchored alongside other ships of the English fleet (see detail below).

The portrait travelled to New Zealand in 1860 with a descendant of its original buyer – a Royal Navy commander who had fought with Hughes.

Artist unknown

***Portrait of Admiral Sir Edward Hughes*, about 1786**

Oil on canvas, frame 1366 × 1108mm

Gift of the family of Burton Boys, 2006 (2006-0008-1)

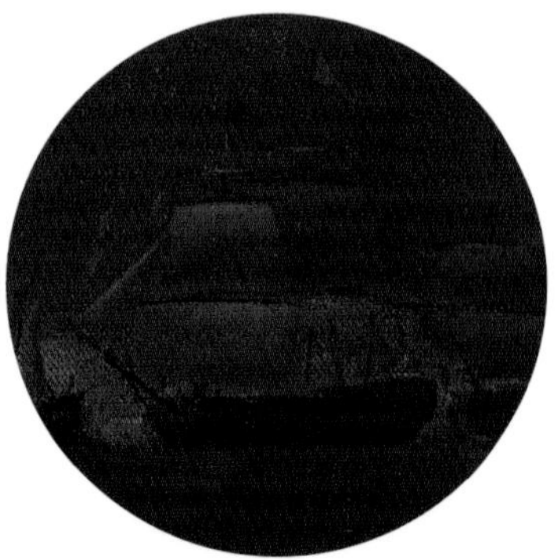

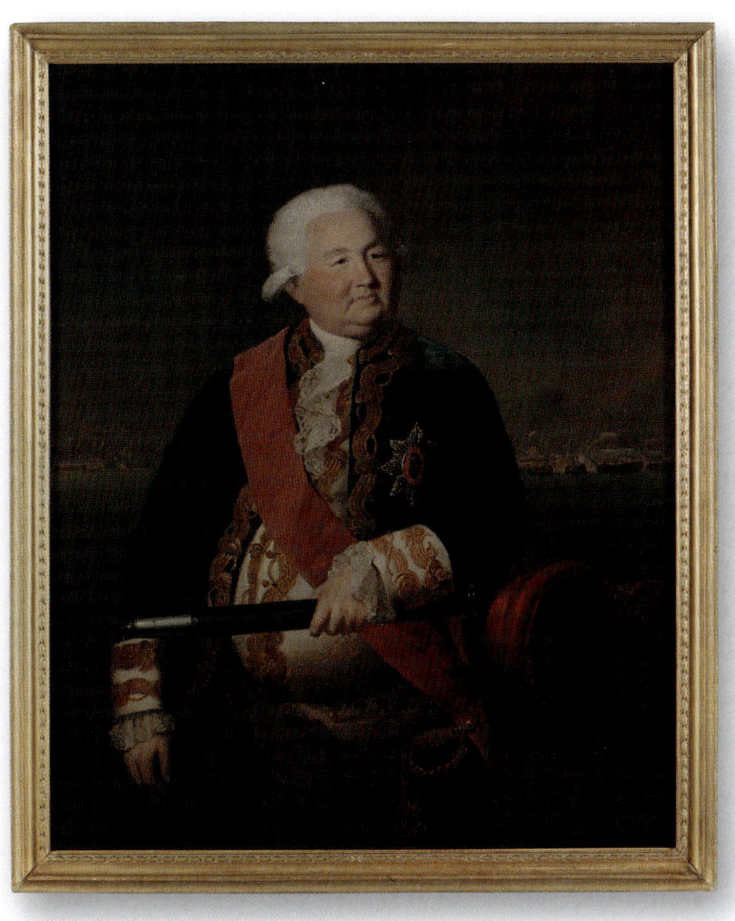

I te tau 1770, i tuku tono a John Greenwood i Rānana ki tana hoa i Amerika, ki te ringatoi rongonui nō Pāhitana, ki a John S Copley, kia waihanga i tētahi kōwaiwai kiritangata o tōna māmā, o Mary Charnock Devereux. 'E hiahia ana au ki te kite i te mata tūturu o tēnei wahine pai, nō tēnei wā tonu nei, i te ekenga mai o te kaumātuatanga.'

Mahea te kitenga atu o ngā pūkenga peita o Copley i tēnei mahinga toi. Kotahi anake te ture o Greenwood, arā, 'me kākahuria ki ngā kaka tōtika'. Nā, ka peita a Copley i a Mrs Devereux e mau ana i ngā kākahu pōuri, ahakoa tēnā, i mau tonu i a ia te pīata o tōna kaka hiraka parauri. E kitea ana te ringa hūmengemenge o te pūweru o Mrs Devereux e whakaataata ana i te mata o te tēpu. E whakaahua ana tōna kanohi i te wairua whakaaroaro, i tōna atamai hoki. Kātahi anō ia ka eke ki te ono tekau, ā, ko te mahi a te ringatoi he peita i tōna āhua tūturu, arā, ko ngā kūreherehe me ōna āhuatanga katoa.

Kāore a Greenwood i kite ā-kanohi anō i tōna māmā. Heoi, i tukuna te peita ki a ia i te tau 1772, ā i kawea hei taonga whakamahara ki Aotearoa e ōna uri.

John S Copley (1738–1815)
Amerika / Ingarangi

***Mrs Humphrey Devereux*, 1771**

Peita hinu, kānawehi, taitapa 1180 × 975mm

He takoha nā te whānau Greenwood, 1965 (1965-0013-1)

In 1770, John Greenwood wrote from London to the United States to his childhood friend, the famous Boston artist John S Copley, to commission a portrait of his mother, Mary Charnock Devereux: 'I am very desirous of seeing the good lady's face as she now appears, with old age creeping upon her.'

Copley's virtuoso painting skills are evident in this work. Greenwood made only one stipulation, that 'gravity is my choice of Dress'. Accordingly, Copley painted Mrs Devereux wearing dark clothes, but even so he managed to capture the dazzling sheen of her brown silk dress. The ruffled sleeve of her dress is reflected in the mirrored surface of the table. Mrs Devereux's expression is reflective and intelligent. She had just turned sixty, and the artist has painted her as she is, wrinkles and all.

Greenwood did not see his mother in the flesh again. The painting was sent to him in 1772, and, as a cherished memento, later voyaged with his descendants to New Zealand.

John S Copley (1738–1815)
America / England

***Mrs Humphrey Devereux*, 1771**

Oil on canvas, frame 1180 × 975mm

Gift of the Greenwood family, 1965 (1965-0013-1)

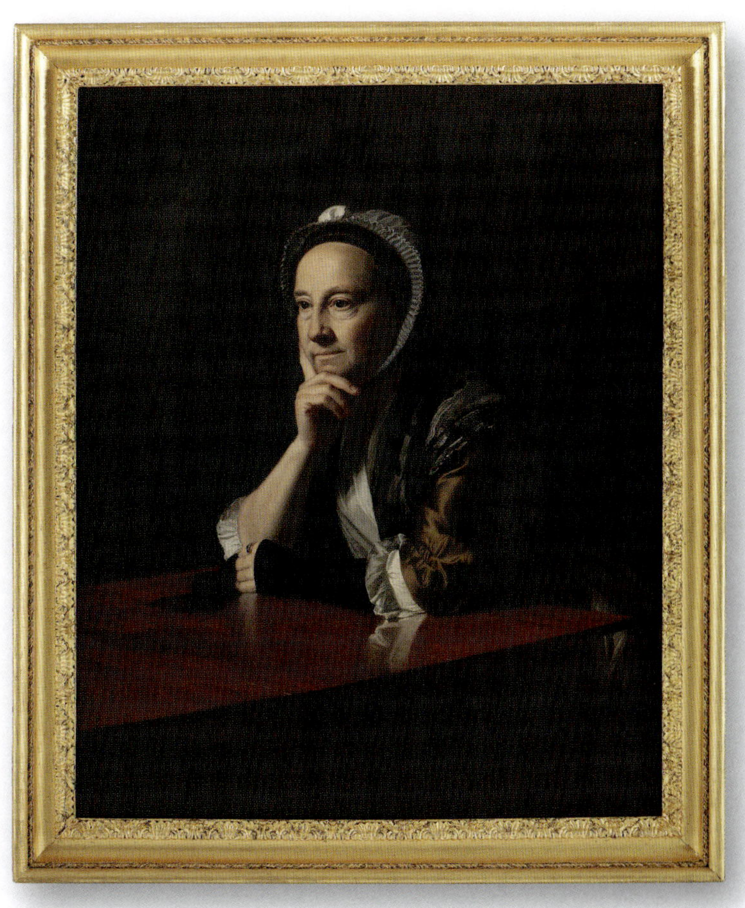

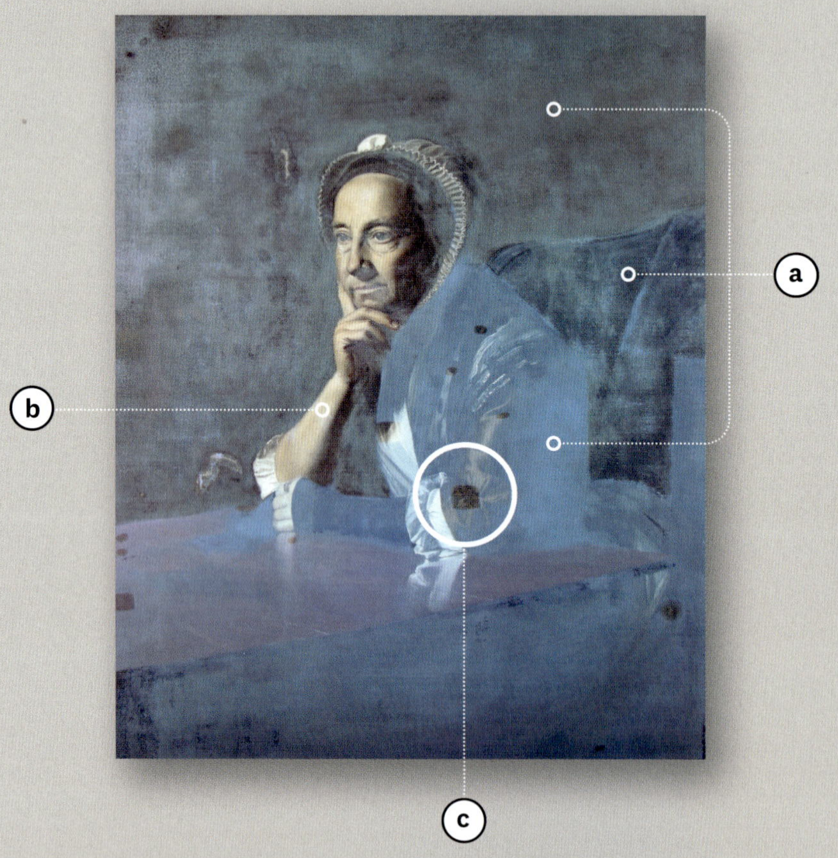
a
b
c

Kei raro iho i te wānihi

He rerekē rawa atu te āhua o Mrs Devereux i tēnei whakaahua hihi katikati. He mea tango i te wā e whakatikatikahia ana te pikitia. Me wānihi ngā peita hinu i ia 50 ki te 100 tau kia pai tonu ai te āhua. He āwhina nui te aho hihi katikati i te wā e whakatikatikahia ana ngā peita hinu.

a Mā te aho hihi katikati ka āhei ngā kaiwhakatikatika ki te kite i ngā momo wānihi. Kua pania te tinana o Mrs Devereux ki te wānihi o te ao hou, he ōrangitea te tae ki raro i ngā hihi katikati. He kārikihāura tana tūru me te wāhi o muri. He tohu tērā i pania te pikitia ki te kāpia māori i mua.

b Ki konei, kua mukua kē te wānihi mai i te kanohi me te kikowhiti o Mrs Devereux. Ko te mahi tuatahi a ngā kaiwhakatikatika he tango atu i te wānihi mai i te kiri – he māmā ake te muku atu i ngā kano mātātea i ngā kano mātāuri.

c E tohu ana te tapawhā i te wāhi i whakamātauria tētahi wai matū e ngā kaiwhakatikatika hei tango atu i te wānihi kia kore ai te peita ki raro iho e pā kinohia.

Under the varnish

Mrs Devereux is nearly unrecognisable in this ultraviolet image, taken part-way through a recent restoration. To keep an oil painting looking its best, varnish must be replaced every 50 to 100 years – and ultraviolet light is an important tool in the process.

a Conservators use ultraviolet light to identify different varnishes. Mrs Devereux's body has been coated with a modern synthetic varnish, which appears cloudy blue under ultraviolet light. Her chair and the background are a patchy green, indicating an earlier layer of natural resin.

b Here, Mrs Devereux's face and forearm have already been cleaned of varnish. Conservators often remove varnish from flesh tones first – light-coloured pigments are usually less delicate than darker colours.

c A square patch shows where conservators have tested a chemical solution to remove the varnish without damaging the paint beneath.

Ko Elizabeth Lassetter tēnei (1795–1844), ko te hoa makau o tētahi kaikauhau nō te hāhi Wēteriana, arā, o Matthew Lassetter. Ahakoa he māmā noa te tāera o te peitatanga, mahea te kitenga atu he wahine whai rawa tēnei – i aua wā, me whai rawa te tangata e āhei ai ia ki te tono i tētahi o ēnei kōwaiwai kiritangata.

Kei te mau pōtae a Elizabeth. Kua tāpirihia atu he putiputi hiraka me tētahi neketai roa – ko te tāera kākahu tēnā o ngā wāhine i ngā tau 1820. I te rautau 1900, i whakahaua ngā wāhine mana nui ki te mau karapu. He kiri punua koti ngā karapu ngohengohe o Elizabeth.

I hūnuku te whānau Lassetter ki Ahitereiria i te tau 1832. Tokorua āna tamāhine i mārena ki te whānau Beauchamp – ko ngā tīpuna o Katherine Mansfield, he kaituhi nō Aotearoa, rāua ko tōna pāpā, ko Tā Harold Beauchamp, tētahi o ngā kaitautoko tuatahi o te National Art Gallery (arā ko te ingoa o mua o Te Papa). He mea takoha tēnei peita e te kohinga rawa o Gardner nā ngā uri o ngā whānau Lassetter me Beauchamp.

Tē mōhiotia te ringatoi

Portrait of Elizabeth Anne Lassetter,
takiwā o 1828–30

Peita hinu, kānawehi, taitapa 1082 × 881mm

He takoha nā te Gardner Estate, 1973 (1973-0024-1)

Elizabeth Lassetter (1795–1844) appears in this portrait as the young wife of a Methodist preacher, Matthew Lassetter. Although the painting's style is naïve, she is clearly middle class – at the time, you had to be comfortably off to commission such a portrait.

Elizabeth wears a cap with silk flowers and a long organza tie – fashionable daywear for a woman in the 1820s. All respectable women were also expected to cover their hands with gloves and Elizabeth's are made of soft kid leather.

The Lassetters emigrated to Australia in 1832. Two of Elizabeth's daughters married into the Beauchamp family – forebears of New Zealand writer Katherine Mansfield and her father Sir Harold Beauchamp, one of the earliest benefactors of the National Art Gallery (Te Papa's predecessor). This painting was gifted by the Gardner Estate, descendants from both the Lassetter and Beauchamp families.

Artist unknown

Portrait of Elizabeth Anne Lassetter,
about 1828–30

Oil on canvas, frame 1082 × 881mm

Gift of the Gardner Estate, 1973 (1973-0024-1)

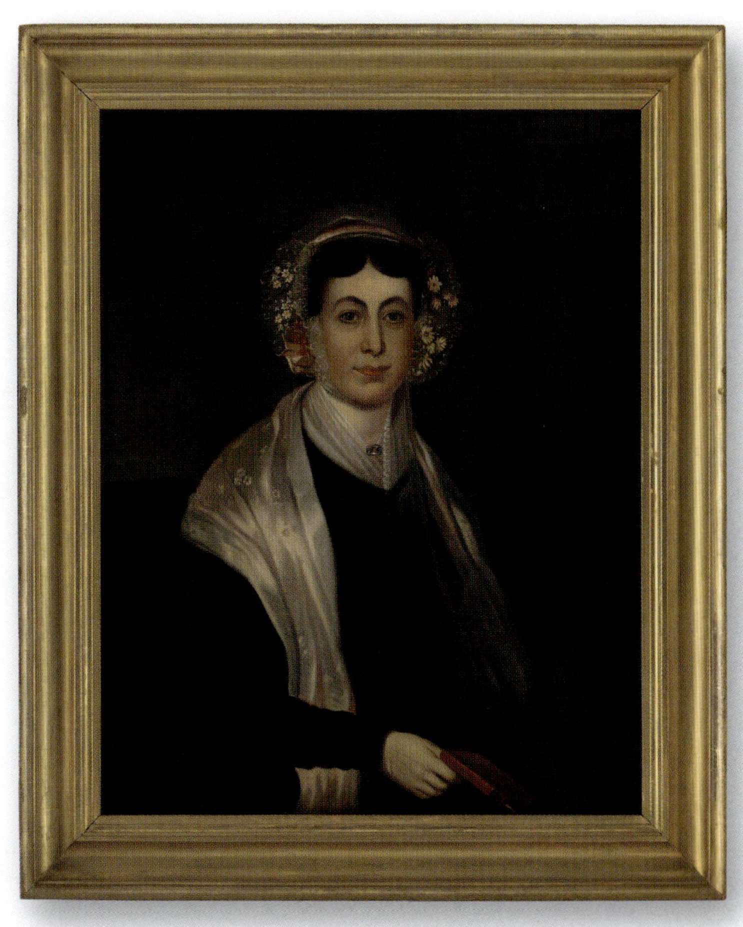

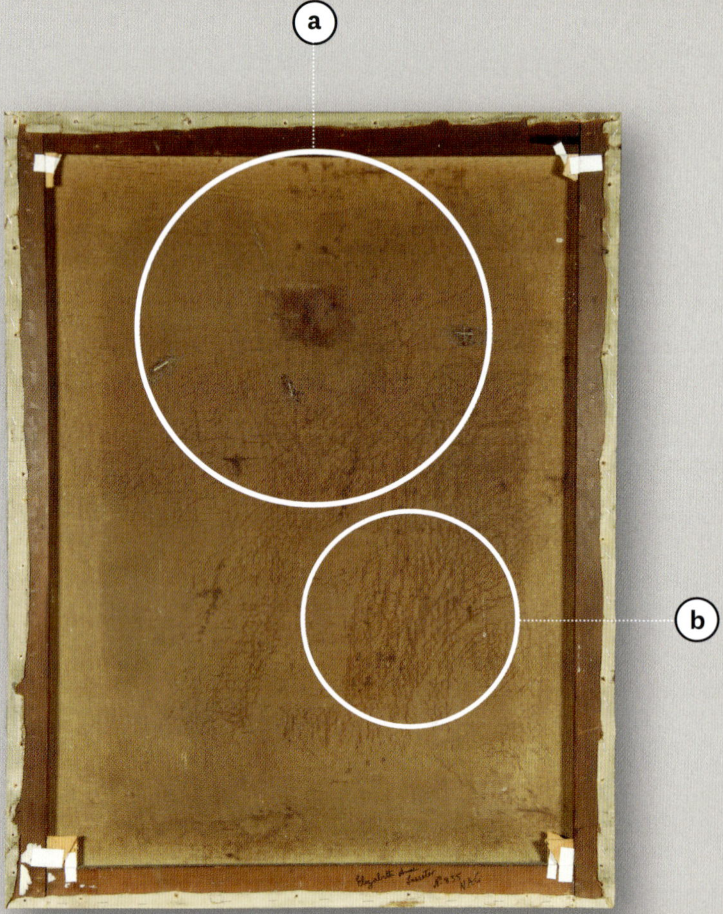

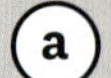
a
b

Ngā tukinga me ngā whakatikatika

Ka tukia, ka paku tīhaea rānei ngā mahi kōwaiwai katoa i roto i ngā tau. Heoi, nā te mahi a ngā kaiwhakatikatika, kāore e tino kitea ana aua āhuatanga mai i mua – engari anō ā muri.

a E tohu ana te māka nui i te wāhi i tukia te rae o Elizabeth Lassetter, he mea whakapaipai taua wāhi nā tētahi o ngā kaiwhakatikatika o mua. Ānō nei he māwhaiwhai ngā whakatikatika i runga i tēnei kānawehi. Kua whakatikatikahia ngā haehae ki te kāpia me te miro rauangi.

b I ia 50 ki te 100 tau rānei me paraihe anō ngā kōwaiwai hinu ki te wānihi kia rangatira tonu te āhua. Kei te kitea te wānihi o te kaiwhakatikatika i konei, kua papī mai i ngā kūreherehe o tēnei kānawehi kaumātua.

Damage and repair

Knocks and tears are often part of a portrait's history. Thanks to the careful attention of conservators, these usually aren't evident from the front – but the back is a different story.

a The larger mark corresponds to an area of damage on Elizabeth Lassetter's forehead, which an early restorer has repaired, whereas spidery repair marks show where a restorer has mended tears in the canvas with adhesive and fine thread.

b Oil paintings need a new coat of varnish every 50 to 100 years to look their best. Here, a restorer's varnish has seeped through cracks where the canvas has aged.

Ko Pirinihi Charlotte Augusta o Wēra (1796–1817) te huatahi a te moenga haurongo aroha-kore a Hori, te Piriniha o Wēra (ka huri hei Kīngi Hori IV) rāua ko Caroline, nō Pūronowiki.

He wahine mātau, harikoa hoki i arohaina e te marea – ka tū hei kuīni ā tōna wā. I mate ia nōna e whānau pēpi ana i te tau i peitatia ai te kōwaiwai kiritangata nei, e rua tekau mā tahi tōna pakeke. Tangi kau ana te marea.

He haurua noa tēnei whakaahua o te putanga rahi ake nā George Dawe ki te National Portrait Gallery ki Rānana.

Ka tāpaea ngā pū 'RA' (ka āta kitea ki raro rā, ki te taha matau,) ki ngā uri o te Royal Academy of Arts ki Rānana – e whakaatu ana i te tohungatanga o te ringatoi. Ko te 'Pinxit' te kupu Rātini mō 'he mea peita nā'.

Kei te mau a Pirinihi Charlotte i ana rīngi koura, e tohu ana i tana mārenatanga ki a Piriniha Leopold, te tangata ka tohua hei Kīngi mō Pēhiamu i roto i te wā. Tekau mā waru marama noa iho te roa o tā rāua mārenatanga, ka mate a Charlotte.

I whakaatuhia tuatahitia tēnei peita ki te whakaaturanga tuatahi o ngā mahinga toi nō rāwāhi ki Aotearoa i Ōtepoti i te tau 1865. Koia tētahi o te kohinga toi i takohangia ki te Kohinga ā-Motu e James Prendergast, he irāmutu nā George Dawe, i te tīmatanga o te rautau 20.

George Dawe (1781–1829)
Ingarangi

***Portrait of Princess Charlotte of Wales*, takiwā o 1817**

Peita hinu, papa, taitapa 508 × 430mm

He takoha nā te New Zealand Academy of Fine Arts, 1936 (1936-0012-92)

Princess Charlotte Augusta of Wales (1796–1817) was the only child of the famously unhappy marriage of George, Prince of Wales (later King George IV), and Caroline of Brunswick.

Charlotte was bright, high-spirited, and immensely popular with the public – a queen in waiting. Her tragic death in childbirth in the year this portrait was painted, at age twenty-one, was met with an outpouring of public grief.

This is a half-length depiction, closely related to a fuller version by George Dawe in the National Portrait Gallery in London.

The initials 'RA' (visible in the lower right, see detail below) are given to members of London's prestigious Royal Academy of Arts – a sign of the artist's credentials. 'Pinxit' is Latin for 'painted by'. Princess Charlotte wears a pair of gold rings, marking her marriage to Prince Leopold, the future King of the Belgians. The pair had been married for just eighteen months when Charlotte died.

This painting was exhibited at the very first international exhibition hosted in New Zealand at Dunedin in 1865. It is one of a group of artworks gifted to the National Collection by James Prendergast, George Dawe's nephew, in the early twentieth century.

George Dawe (1781–1829)
England

***Portrait of Princess Charlotte of Wales*, about 1817**

Oil on panel, frame 508 × 430mm

Gift of the New Zealand Academy of Fine Arts, 1936 (1936-0012-92)

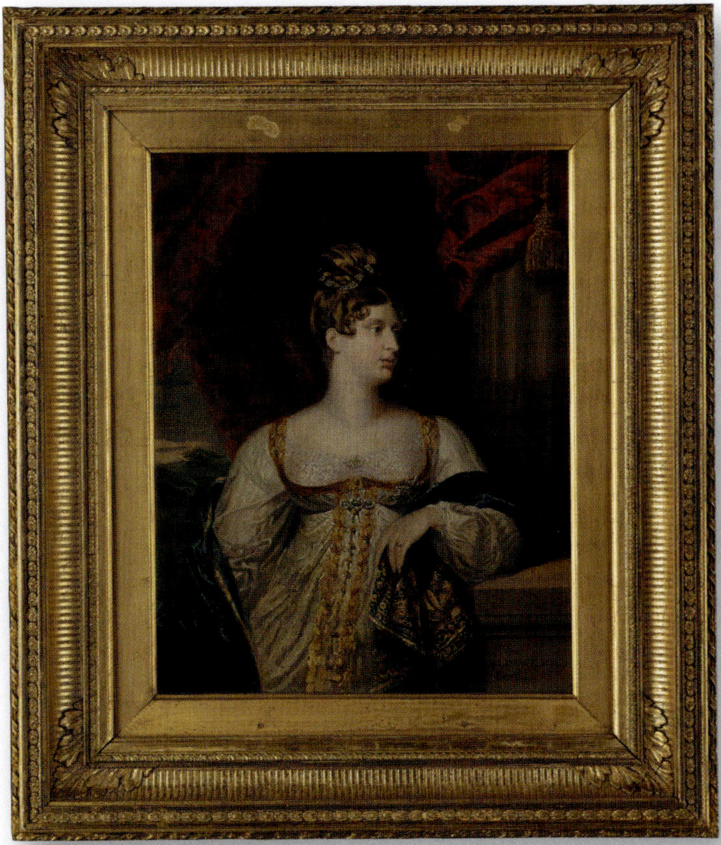

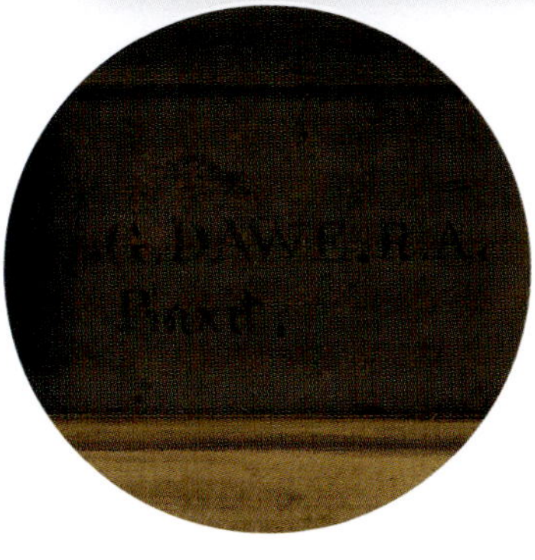

Ehara tēnei i te kōwaiwai kiritangata noa iho, engari he kōrero ngahau kē mō te mahi a ngā karu – he kaupapa i kaha kitea i ngā peita i ngā tau 1700. E toru anō ngā kōwaiwai i tēnei kohinga a Te Papa, e tohu ana i te rongo ā-ihu, i te rongo ā-taringa me te rongo ā-waha. Ko te rongo ā-kiri anake te tairongo e ngaro ana i te kohinga.

E tohu ana te paikaraihe i te mahi a te whatu. Heoi, kia āta hōmiromirotia e koe – tirohia te tama, kua rewha ngā karu, kei te titiro mā te taha whakararo kē. Ko te pātai pea a te ringatoi, āe rānei e mahea ana tā tātou titiro?

Te taupuni toi o Philippe Mercier (1689–1760)
Wīwī / Ingarangi

***The sense of sight*, takiwā o 1750**

Peita hinu, kānawehi, taitapa 754 × 617mm

He waihotanga iho nā Mrs E G Elgar, 1945 (1992-0035-1794)

This painting is not strictly a portrait, but rather a playful allegory of the sense of sight – a common theme in European paintings of the 1700s. Te Papa has three other paintings in the same series, representing smell, hearing, and taste. Only touch is missing from the set.

The telescope is used here as a symbol of the sense of sight, but looking more closely you can observe that the boy, his eyes scrunched, is peering through the wrong end. The artist is perhaps asking, just how clearly do we see?

Studio of Philippe Mercier (1689–1760)
France / England

***The sense of sight*, about 1750**

Oil on canvas, frame 754 × 617mm

Bequest of Mrs E G Elgar, 1945 (1992-0035-1794)

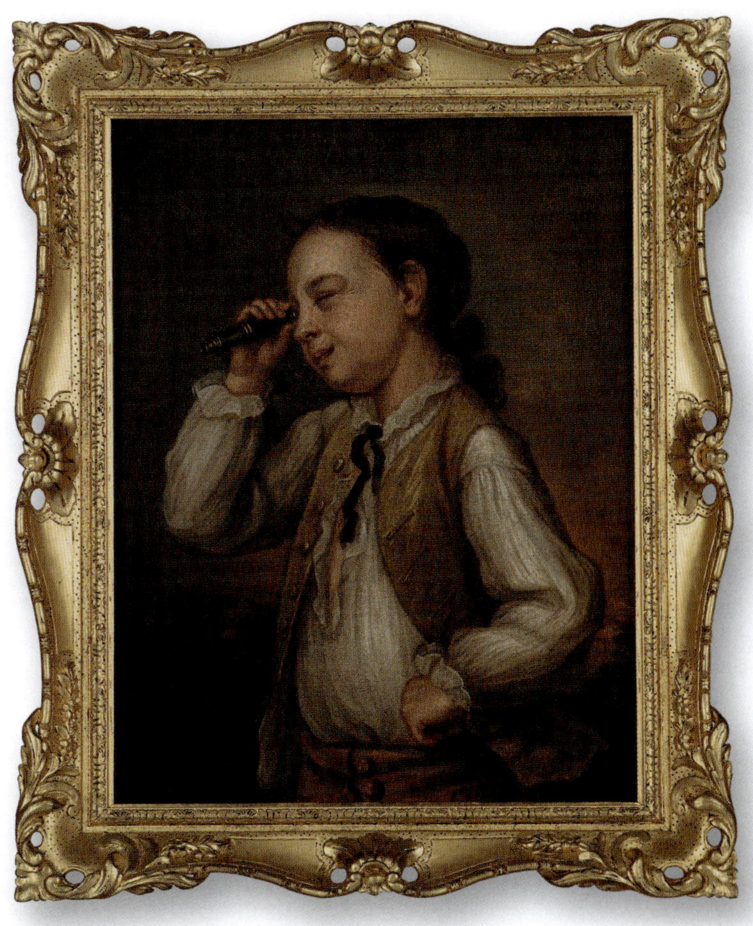

Nō mai anō e whakakanohihia ana ngā tīpuna e ngā whakairo me ngā momo mahinga toi.

I whai a Tene Waitere i te āhua o ngā matapihi me ngā pare o te wharenui nōna e hanga ana i tēnei tāpare. I ako ia i raro i te maru o Wero Taroi he tohunga whakairo nō Ngāti Tarāwhai kei te tahatai o Rotoiti. Ko Ngāti Tarāwhai tētahi iwi i pūmau ki ngā mahi whakairo, ā, e mōhiotia ana tā rātou tāera motuhake.

E iri ana tēnei whakaata ki te wharetoi e tono ana i ngā kaitoro o Te Papa ki te whakauru atu i a rātou anō ki te pakitara kōwaiwai tangata.

Tene Waitere (1854–1931)
Ngāti Tarāwhai, Aotearoa

Tāpare pikitia, takiwā o 1906–07

Rākau, 770 × 600mm

He mea hoko 1907 (ME013973)

For generations, whakairo and other art forms have provided a means of representing and remembering tīpuna.

The great Ngāti Tarāwhai carver Tene Waitere modelled this frame on the matapihi and pare in wharenui. He learned to carve on the shores of Lake Rotoiti under the guidance of Wero Taroi, a master carver from Ngāti Tarāwhai. Ngāti Tarāwhai, of the Rotorua area, were instrumental in the survival of whakairo, and are known for their distinctive style.

This mirror frame hangs in the gallery as an invitation to visitors to Te Papa to insert themselves into the wall.

Tene Waitere (1854–1931)
Ngāti Tarāwhai, New Zealand

Picture frame, about 1906–07

Wood, 770 × 600mm

Purchased 1907 (ME013973)

He nui ake ngā pātai ka hua ake i tēnei kōwaiwai o tētahi tama e tū mārō ana e mau ana i tētahi hūtu heramana i ngā whakautu. Te āhua nei he mea tā tēnei mai i tētahi whakaahua. He ōrite te rūma ki tētahi taupuni whakaahua, arā, e kaha kitea ana ngā kakau rākau i ngā tau 1800, ā, he tirohanga pono tō te mata o te tama, ānō kua mau i te roa o te huranga o te kāmera.

Ahakoa te pai o te mata o te tama, he āhua koretake te tānga o ōna kākahu me te tuarongo. Tērā pea, nā ngā ringatoi e rua te mahi nei – he mātanga tētahi, he tauhou tētahi.

He tino tāera ngā kākahu hēramana mō ngā tamariki mai i ngā tau 1860. He momo hei te taura mā me tētahi korowhio – kei roto i tana pūkoro. Kei te mau te tama nei i tētahi paikaraihe kuratea, he matire rākau rānei. Ki te āta titiro atu ka kitea kua mahue tētahi o ōna matimati te peita e te ringatoi!

Tē mōhiotia te ringatoi

Ingoa-kore (He kiritangata o tētahi tama kakī makune), takiwā o 1865

Peita hinu, kānawehi, taitapa 675 × 532mm

Kua ngaro ngā kōrero (1000-0000-9)

This charmingly awkward portrait of a stiffly posed boy in a sailor suit raises questions rather than offering answers. It may be based on a photograph – the stark room looks like a photographic studio, in which wooden balustrades were a common prop in the 1800s, and the boy's expression is serious, as if frozen in a long exposure.

Although the boy's face is painted with skill, his clothes and the background appear a bit clumsy. It might even be the work of two artists – one trained, one amateur.

Sailor suits became a fashion craze for children from the 1860s. The white cord is a lanyard with a whistle that the boy has tucked into his pocket. He is holding a brass telescope, or perhaps it's a wooden baton. Close inspection shows that the artist seems to have forgotten to paint one of his fingers!

Artist unknown

Untitled (Portrait of a boy with double chin), about 1865

Oil on canvas, frame 675 × 532mm

Acquisition history unknown (1000-0000-9)

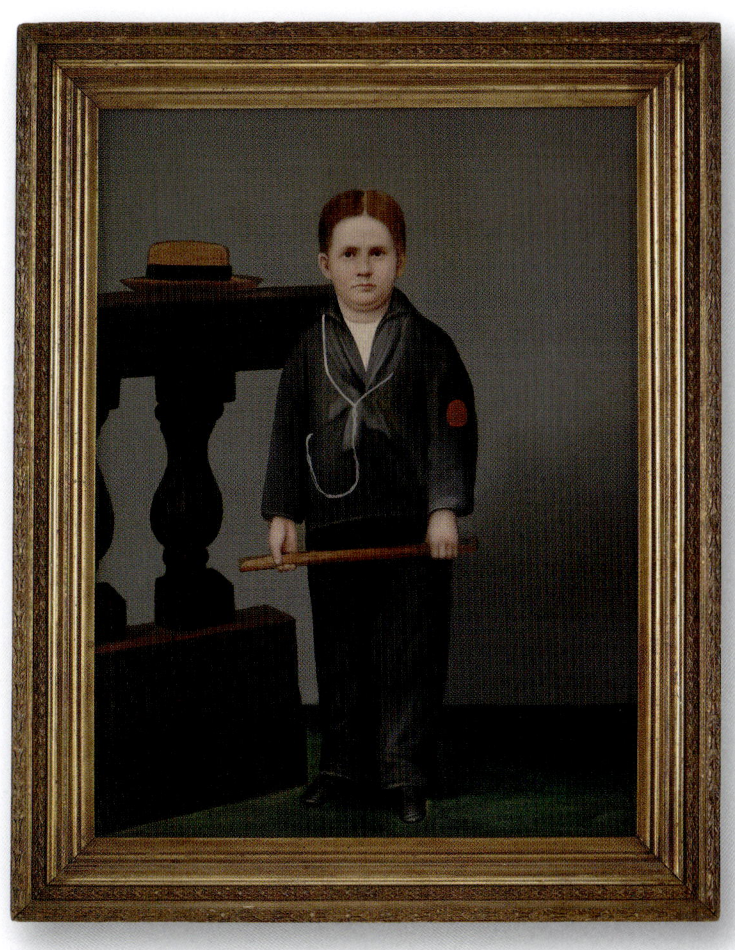

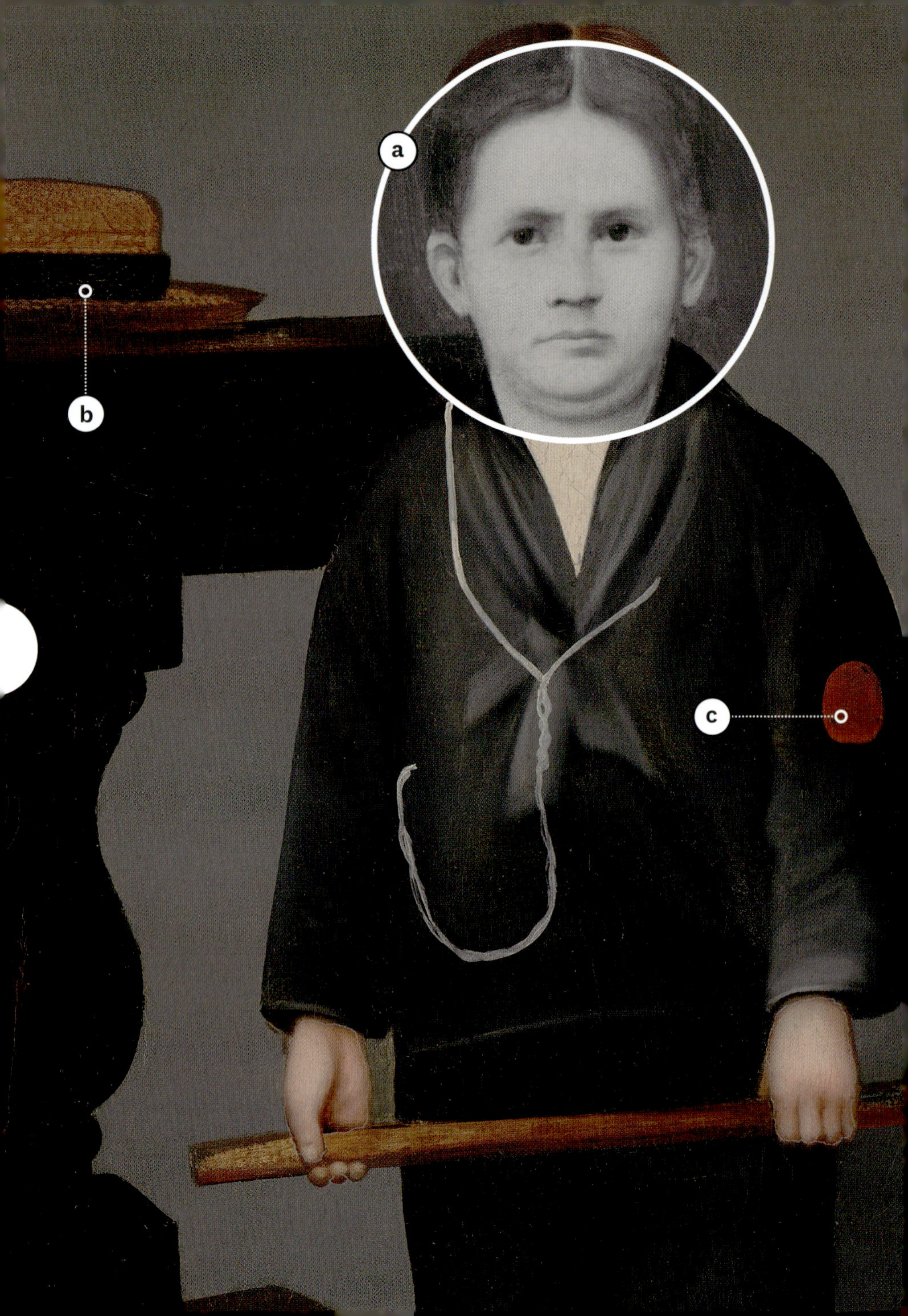
a
b
c

Te aho hihi pōkākā

Nā te ringatoi kotahi, nā te tokorua rānei tēnei kōwaiwai kiritangata porehu i waihanga? Mā te aho hihi pōkākā kei te kite tātou ki raro iho i te mata o te peita, kei konā ngā tohu e mea ana nā te tokorua kē tēnei mahi.

a Kei raro i te peita, ka heke te rārangi o te pene rākau mai i te wehenga o te makawe o te tama tae noa atu ki tōna kakī. He rārangi hauroki kei tōna ihu, he rārangi pae ki waho atu o ōna karu. He tikanga toi tēnei nā te pūkenga toi hei waihanga i te kanohi.

b He mea tā te pōtae tākakau a te tama ki ngā paparanga angiangi o te peita pīataata. Pērā ki tana kanohi, nā te pūkenga toi tēnei mahi.

c He pukupuku peita noa te wāhi whero i runga i te ringaringa o te hāte o te tama. Pērā i te peita mātotoru o muri, he mea tā pea tērā nō muri mai e te ringatoi hou. He ōrangihina te tae.

Infrared light

Is this mysterious portrait the work of one artist, or two? Infrared light allows us to see through the surface of the paint, providing evidence of more than one at work.

a Beneath the paint, a pencil line descends from the boy's carefully parted hair to his throat. Diagonal lines cross his nose, and horizontal lines frame his eyes. This technique is used by a trained artist to construct a face.

b The boy's straw hat has been created with thin and luminous layers of paint. Like his face, this is probably the work of a trained artist.

c The red patch on the boy's sleeve is little more than a blob of paint. As with the thickly painted blue-grey background, it may have been added later, by a less skilled artist.

E whakaatu ana tēnei kōwaiwai kiritangata i tētahi 'tāne ngākau māhaki' – koinā te kupu mō tētahi tāne mārire i ngā tau 1700.

Anei a John Greenwood (1772–1815) – kei te takiwā o te rua tekau ōna tau – te tama a tētahi ringapeita kiritangata nō Pāhitana, i noho ki Rānana hei kaihoko toi, arā, a John Greenwood te pāpā (1727–1792), nāna te kōwaiwai kiritangata i tono i a John S Copley (wh. 28) mō tōna anō māmā. Ka mate ana te pāpā, ka whakahaerehia e te tama tana toa toi. Nō te terenga mai o tana ake tama ki Aotearoa i ngā tau 1840 ka kawe mai ia i tēnei kōwaiwai me ētahi atu peita a te whānau.

Ko ēnei momo kāmeta ngā tino tāera a te tāne pūrotu i ngā tau mātāmuri o 1700.

Kua mahue i te ringatoi tētahi wāhanga o te koti nei te peita – kua kaurukitia o roto mā te whiuwhiu noa a te rākau tā, heoi, kāore anō kia āta tāia o waho. He nui pea nō ngā tono a te ringatoi, he kore moni rānei nō te kaitono hei utu i te whakatutukinga pai o te mahi.

William Beechey (1753–1839)
Ingarangi

***Portrait of John Greenwood (junior)*, takiwā o 1795**

Peita hinu, kānawehi, taitapa 932 × 807mm

He takoha nā Hugh Greenwood mai i te whānau Greenwood, 2005 (2005-0025-2)

This impressive but unfinished portrait admirably conveys 'a man of feeling' – the term for a cultured, sensitive man in the late 1700s.

Pictured here in his early twenties, John Greenwood (1772–1815) was the son of the Boston-born portrait painter, turned London-based art dealer, John Greenwood senior (1727–1792), who commissioned the portrait of his mother from John S Copley (p. 28). After his father's death, the younger Greenwood took over his art dealership. His own son sailed to New Zealand in the 1840s, bringing this, and other family paintings, with him.

Greenwood's lace cravat was fashionable gear for a man about town in the late Georgian era.

The sitter's jacket has been left largely unfinished – the shape and form are blocked in with rough brushstrokes, but not defined. Either the artist had more important commissions to attend to, or the sitter ran out of money to pay for a finished portrait.

William Beechey (1753–1839)
England

***Portrait of John Greenwood (junior)*, about 1795**

Oil on canvas, frame 932 × 807mm

Gift of Hugh Greenwood on behalf of the Greenwood family, 2005 (2005-0025-2)

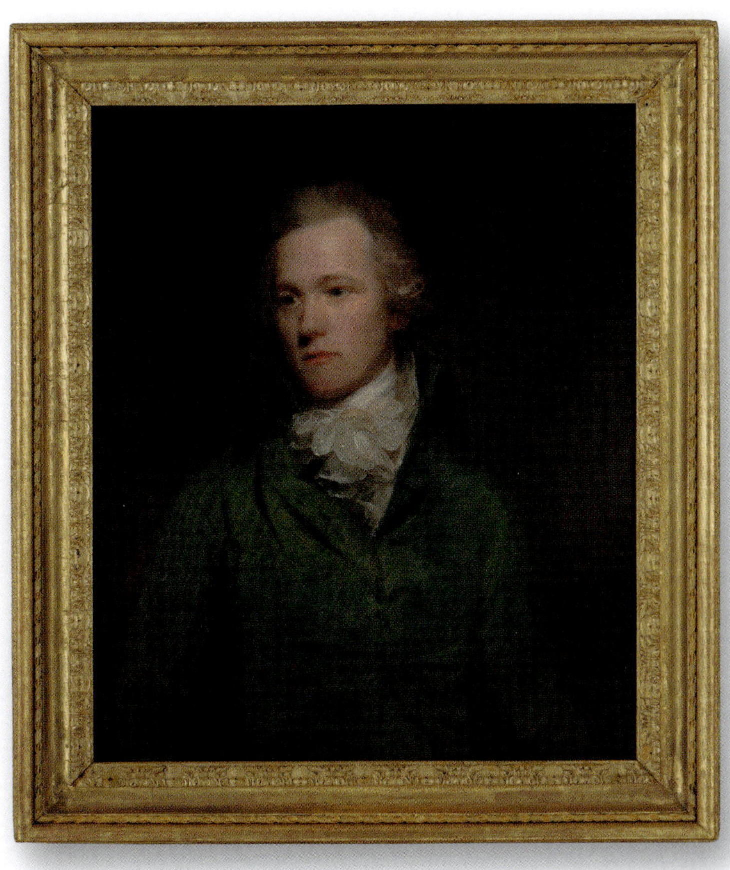

Ka tiro atu te ringatoi ki a ia anō, ka āta wetewete ia i tōna anō āhua. Koia hoki te mahi a George Dawe.

Kei te rangona te hīkaka o tēnei ringapeita kiritangata nō Ingarangi – koia tētahi o ngā ringatoi rongonui rawa o tōna wā – ehara i te mea kua āta tāia tōna anō kōwaiwai kiritangata: he tangata mātau tēnei, waihoki, he tohunga ki āna mahi.

E hāngai ana te titiro o George Dawe ki te kaimātakitaki – he tohu o te kōwaiwai kiriaro – i a ia e tū ana me āna rawa toi, arā, he pae whakaranu me ētahi paraihe.

He pērā ki ngā mahi toi kei ngā whārangi me nā George Dawe. Ka haria mai tēnei kōwaiwai kiritangata ki Aotearoa e tana irāmutu, e James Prendegast, te Tumuaki tuatoru o ngā Kaiwhakawā o Aotearoa.

George Dawe (1781–1829)
Ingarangi

***Portrait of the artist*, takiwā o 1810**

Peita hinu, kānawehi, papa, taitapa 784 × 614mm

He takoha nā te New Zealand Academy of Fine Arts, 1936 (1936-0012-87)

When artists study their own reflections, they subject themselves to particularly intense scrutiny. George Dawe is no exception.

The English portraitist – among the most famous of the time – has painted himself with verve rather than fussy detail: here is an intelligent man who knows his craft.

George Dawe's gaze meets the viewer's frankly – a feature of the self-portrait – while he also poses with the tools of his trade, a palette and brushes.

As with the artworks by George Dawe on pages 36 and 52, this portrait travelled to New Zealand with Dawe's nephew James Prendergast, who became New Zealand's third Chief Justice.

George Dawe (1781–1829)
England

***Portrait of the artist*, about 1810**

Oil on canvas on board, frame 784 × 614mm

Gift of the New Zealand Academy of Fine Arts, 1936 (1936-0012-87)

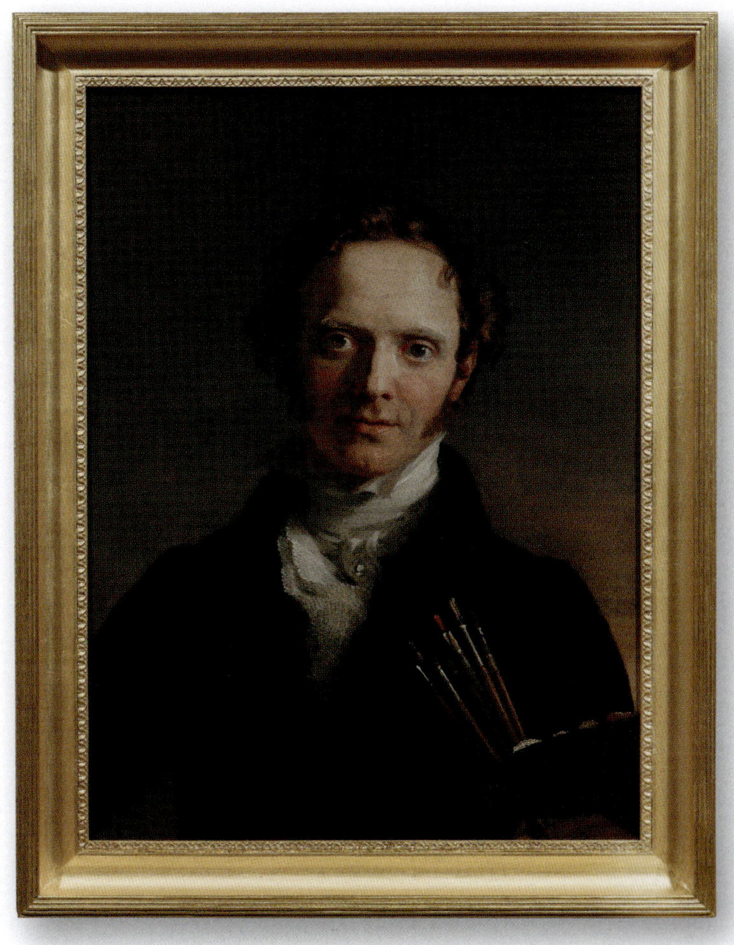

I ngā kiritangata o mua, i te nuinga o te wā ko ngā wāhine te kaupapa o te pikitia, ehara i te ringatoi. Hāunga anō a Margaret Carpenter. He mātanga kōwaiwai kiritangata ia, i whakaatu ia i āna mahi ki te whare whakahirahira o te Royal Academy i Rānana – heoi, kāore ia i whai mematanga, i te mea he wahine ia.

Anei tana peitatatanga o Margaret Collins (m. 1833), arā ko te hungarei o tōna tuakana, o Harriet. He wahine toa a Collins nō Kotirana, kāore ia i whakaae ki te mārenatanga o tana tama ki a Harriet. Heoi, i te tau 1826, i noho tahi rātou ko tana mokopuna, he tama, e rua tau te pakeke. Ko Wilkie Collins tērā, arā, ko te kaituhi nō Ingarangi.

Tēnā pea kei te mau kākahu rerehua a Mrs Collins – he kōpare pouaru, he hei piripiri inoi hoki, he rite tōna āhua ki tērā o ngā kōwaiwai o Mēri, te Kuīni o Kotirana i ngā tau mātāmua o 1800, he tino tangata o mua.

Margaret S Carpenter (1793–1872)
Ingarangi

***Portrait of Mrs W Collins*, 1826**

Peita hinu, papa, taitapa 1068 × 952mm

He takoha nā John Duthie, 1912 (1912-0038-2)

In historic portraiture, women are often subjects, but seldom artists. Margaret Carpenter is an exception. A talented and successful portrait painter, she exhibited at London's prestigious Royal Academy, but as a woman she was barred from becoming a member.

Here, she has painted Margaret Collins (d. 1833), the mother-in-law of her sister Harriet. Collins was a formidable Scotswoman who had opposed Harriet's marriage to her son but by 1826 she was living with the couple and her two-year-old grandson – later to become the English writer Wilkie Collins.

Mrs Collins may be wearing fancy dress – with her widow's veil and rosary beads, she resembles early 1800s paintings of Mary, Queen of Scots, a popular historical figure.

Margaret S Carpenter (1793–1872)
England

***Portrait of Mrs W Collins*, 1826**

Oil on panel, frame 1068 × 952mm

Gift of John Duthie, 1912 (1912-0038-2)

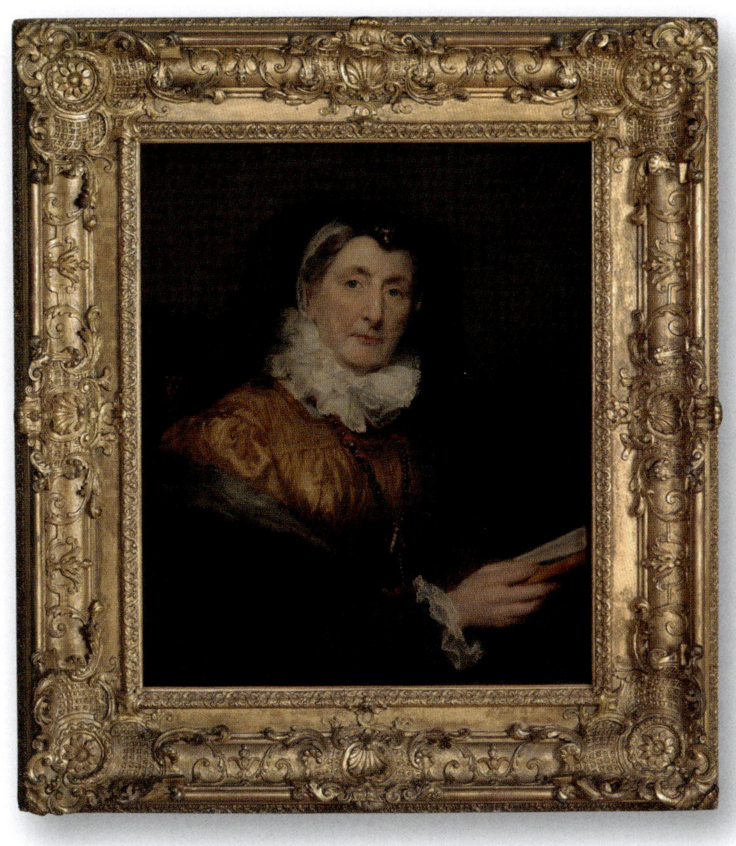

I te tau 1815, ka hinga te ope tauā o Napoleon nō Wīwī ki Wātarū i a Arthur Wellesley, arā, te Tiuka tuatahi o Wellington. Nā konā, i rongonui ai ia i Ingarangi.

E iri ana tētahi peitatanga nunui o Wellington e mau ana i ōna kākahu rangatira i te Hermitage ki St Petersburg i Rūhia. Koia nei tētahi o ngā kōwaiwai kiritangata 300 nā George Dawe i peita mō Tsar Alexander, he hoa pakanga o Ingarangi i Ngā Pakanga ki a Napoleon. Heoi, he āhua mārire ake te āhua o tēnei peita . I kape a Dawe i tētahi kōwaiwai kiritangata nō te tau 1821, nā Jan Willem Pieneman, he ringatoi nō Tatimana.

I rongonui te Tiuka o Wellington i ōna makawe poto, arā, i mau uru makawe kēhua ai te nuinga o ngā tāne i taua wā, i te pai hoki o ōna kākahu, ahakoa he kākahu hōia, he kākahu noa rānei. I karangahia ko 'the Beau' e ōna hoia, mō te tāne pūrotu nō Rānana, mō Beau Brummell.

George Dawe (1781–1829)
Ingarangi

***Duke of Wellington*, takiwā o 1829**

Peita hinu, kānawehi, taitapa 953 × 770mm

He takoha nā te New Zealand Academy of Fine Arts, 1936 (1936-0012-91)

In 1815, Arthur Wellesley (1769–1852), first Duke of Wellington and the capital city's namesake, defeated Napoleon's French army at Waterloo, becoming an instant English hero.

An enormous painting of Wellington in full uniform hangs in the Hermitage in St Petersburg, Russia – one of over 300 portraits artist George Dawe painted for Tsar Alexander I, England's ally in the Napoleonic Wars. But this painting is far more modest. Dawe copied it from an 1821 portrait by Dutch artist Jan Willem Pieneman.

The Duke of Wellington was famous for his short hair, at a time when other gentlemen wore elaborate powdered wigs, and for his sharp dress, whether in military or civilian attire. His soldiers nicknamed him 'the Beau', after London dandy Beau Brummell.

George Dawe (1781–1829)
England

***Duke of Wellington*, about 1829**

Oil on canvas, frame 953 × 770mm

Gift of the New Zealand Academy of Fine Arts, 1936 (1936-0012-91)

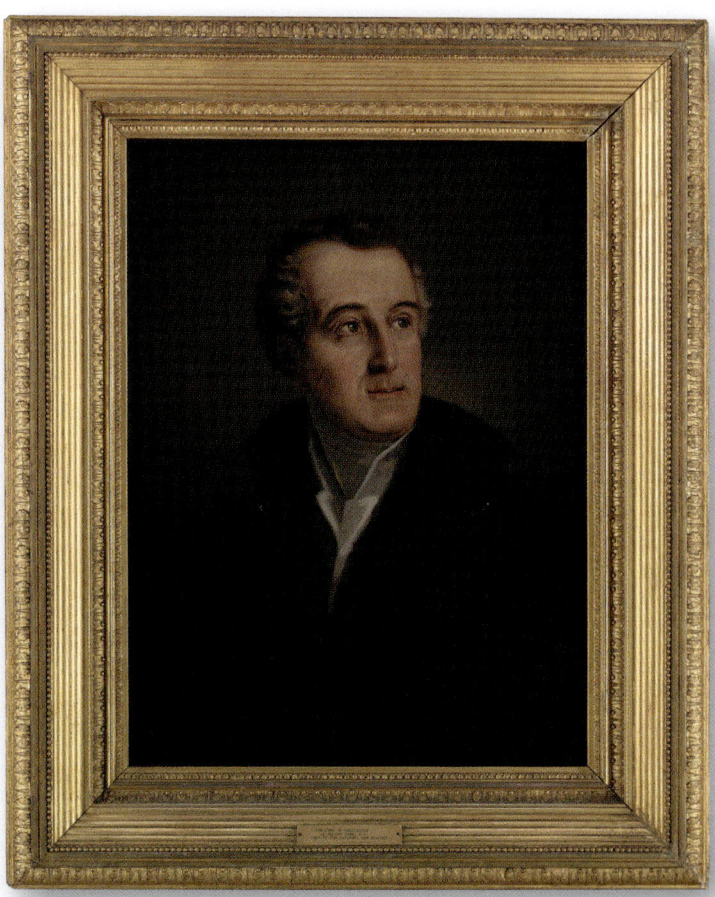

He pū kōrero, he tangata rangatira a Wī Tako Ngātata (1815–1887) nō Te Ātiawa. He nui āna mahi hei whakapakari i ngā hononga i waenganui i te Māori me te Pākehā, i ngā tau mātāmua o te taenga mai o te Pākehā. Ka kite ia i ngā mahi hē a te Karauna, ka tahuri ia ki te tautoko i te whakatūnga o te Kīngitanga. I whai wāhi ia ki te Rūnanga Ariki o te Whare Pāremata.

Kei te mau kahu kurī a Wī Tako. Te āhua nei i peitatia tēnei kōwaiwai kiritangata mā te Pākehā – i te nuinga o te wā, mēnā ka tonoa tētahi kōwaiwai kiritangata e te Māori ka mau rātou i ngā kākahu Pākehā.

He mea tā te moko o Wī Tako e tētahi tohunga tāmoko. Hei tā Lindauer, he tere te Māori ki te whakatikatika i āna peitatanga o te moko.

Ehara ngā kōwaiwai kiritangata a Gottfried Lindauer i te pikitia noa iho ki te Māori. I te whakaatutanga o tēnei kōwaiwai kiritangata e Lindauer ki tētahi toa i Cambridge, ka hongia atu e 'Old Hakariwhi' nō Ngāti Haua.

Gottfried Lindauer (1839–1926)
Pohemia / Aotearoa

***Hon Wi Tako Ngātata MLC, chief of the Ngatiawa* [Te Ātiawa] *tribe in Taranaki NZ*, 1880**

Peita hinu, kānawehi, taitapa 801 × 677mm

He takoha nā Alexander Turnbull, 1916 (1992-0035-1226)

The formidable orator and astute tribal leader Wī Tako Ngātata (1815–1887) of Te Ātiawa played a critical role building relations between Māori and Pākehā in the early colonial period. Increasingly disillusioned by his dealings with the Crown, he helped establish the Kīngitanga, the Māori King movement. He later became a member of Parliament's Legislative Council.

Wī Tako appears in a prized kahu kurī. His dress indicates that the portrait was painted for a Pākehā client – Māori more often chose to wear European clothing when they commissioned portraits for themselves.

Wī Tako's full facial moko is the work of a tohunga tā moko, a master tattooist. Lindauer noted that Māori were quick to correct his errors in painting moko.

Māori have always encountered Gottfried Lindauer's portraits on their own terms. When Lindauer displayed this painting in a Cambridge shop window, 'Old Hakariwhi' of Ngāti Haua iwi pressed his nose to the great leader's.

Gottfried Lindauer (1839–1926)
Bohemia / New Zealand

***Hon Wi Tako Ngātata MLC, chief of the Ngatiawa* [Te Ātiawa] *tribe in Taranaki NZ*, 1880**

Oil on canvas, frame 801 × 677mm

Gift of Alexander Turnbull, 1916 (1992-0035-1226)

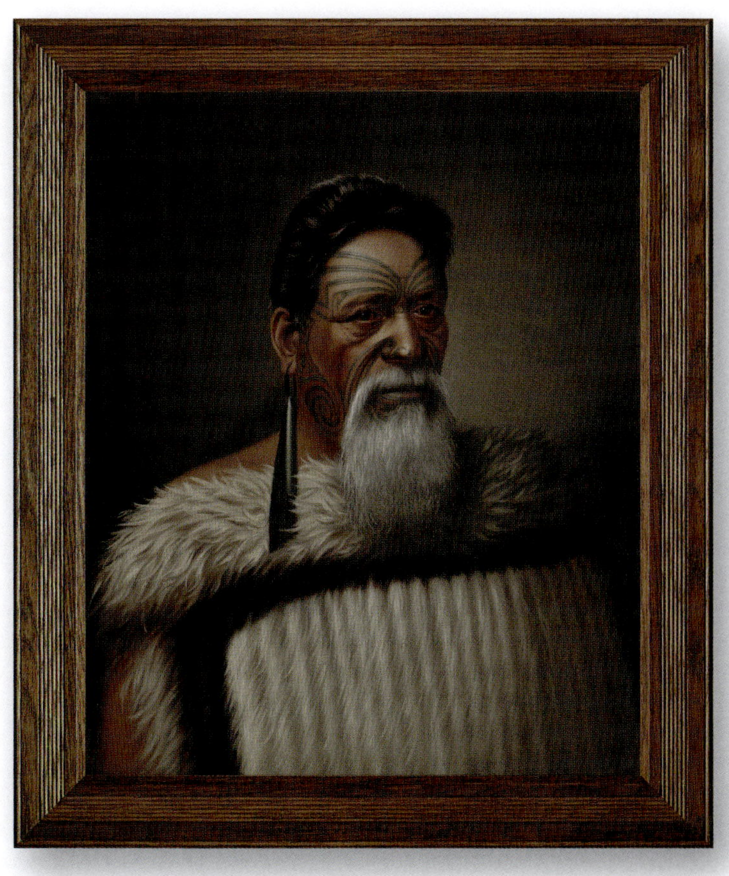

Ko Tāmihana Te Rauparaha (1820–1876) te tama mōrehu a te rangatira nui o Ngāti Toa, a Te Rauparaha. Ka whakatipuria ia ki raro i ngā tikanga Māori, ko Tāmihana tētahi o ngā pou whakaara o te Kīngitanga. I whakaawetia ia e tana hui tahi me Kuīni Wikitōria ki Ingarangi i te tau 1852. Ka huri tuarā ia i te kaupapa i ngā tau 1860 heoi, nā āna mahi kāore te riri whenua o Taranaki i tae atu ki Pōneke.

I whai rawa ia i āna mahi pāmu hipi ki Ōtaki, ā, he rite tōna noho ki tērā o te tāne whairawa o Ingarangi. Koia anō te āhua o tēnei kiritangata. I mōhiotia ia mō tana taiea me tana ngākaunui ki ngā āhuatanga katoa o Piritana.

He tino pai ki te nuinga ngā huruhuru i te taha o te kanohi o Tāmihana i te wā i peitahia tēnei kiritangata.

Kua tohua nā William Beetham (1809–1888)
Ingarangi / Aotearoa

Tamihana Te Rauparaha, takiwā o 1860

Peita hinu, kānawehi, taitapa 715 × 618mm

Te Papa (1992-0035-1033/1)

Tāmihana Te Rauparaha (1820–1876) was the only surviving son of the great Ngāti Toa rangatira Te Rauparaha. Raised in tikanga Māori, Tāmihana became a key figure in founding the Kīngitanga, the Māori King movement, inspired by his meeting with Queen Victoria in England in 1852. Despite withdrawing his support in the 1860s, he remained influential enough to prevent the Taranaki conflicts of the New Zealand Wars from reaching Wellington.

He became a wealthy Ōtaki sheep farmer, adopting the lifestyle of an English gentleman, as this portrait conveys. He was known for his sharp dress sense and fervour for all things British.

Tāmihana's mutton-chop side whiskers were the height of fashion when this portrait was painted.

Attributed to William Beetham (1809–1888)
England / New Zealand

Tamihana Te Rauparaha, about 1860

Oil on canvas, frame 715 × 618mm

Te Papa (1992-0035-1033/1)

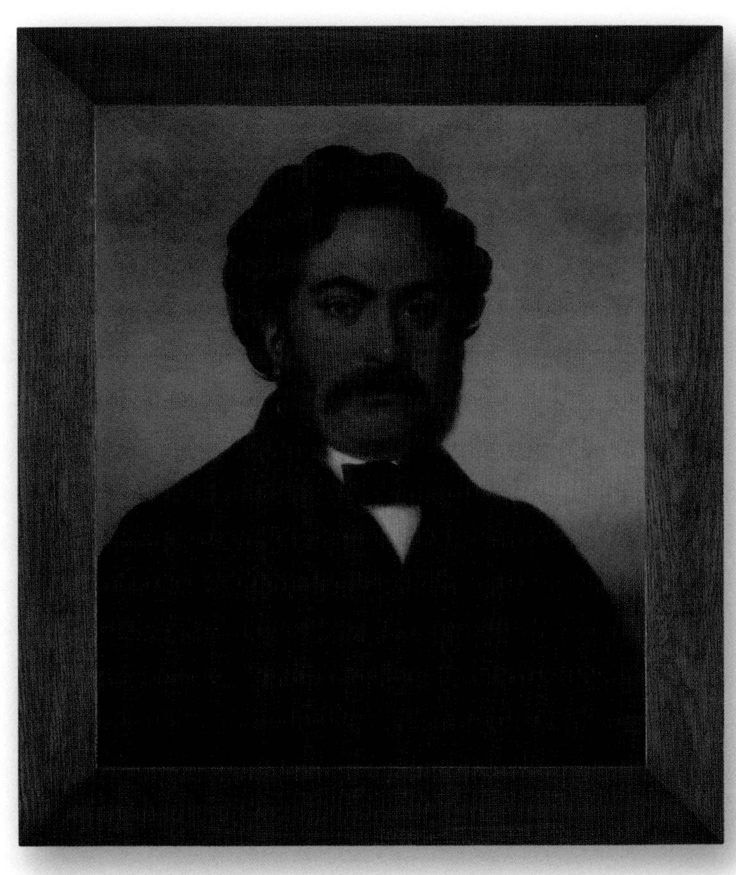

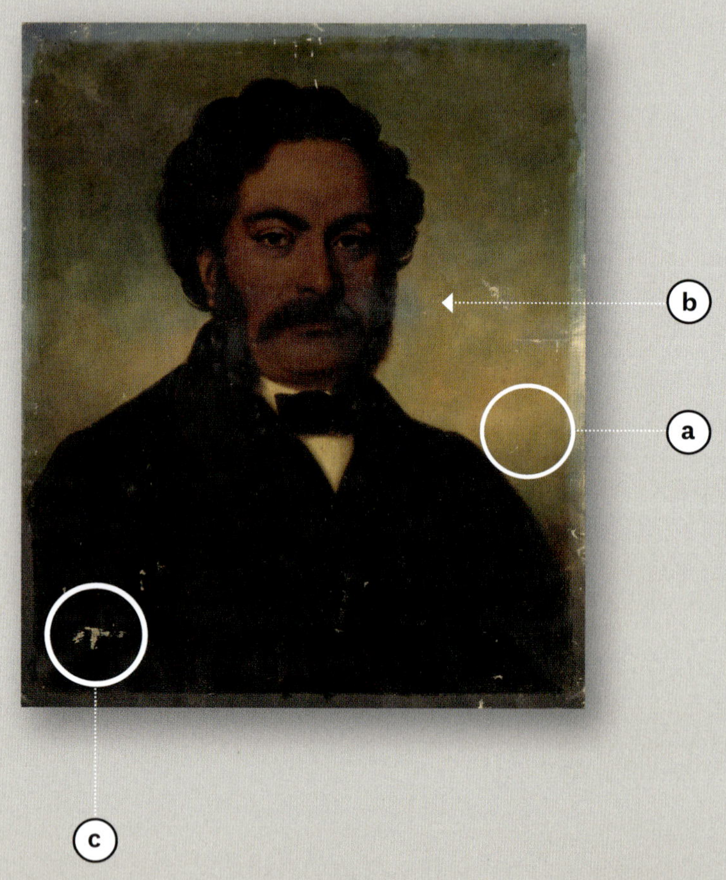
b
a
c

I mua i te mahi whakatikatika

I mua i te whakaaturanga, ka āta tirohia ngā kōwaiwai e ngā kaiwhakatikatika toi o Te Papa ki te kite i ngā wāhi pākarukaru, i ngā wāhi e pīrau haere ana rānei. Kātahi ka āta whakatikaina ngā kōwaiwai e ngā pūkenga rā kia pīataata mai anō ai te toi taketake a te ringatoi, waihoki, ko ngā tae.

---

a Ka waimeha haere te wānihi i roto i ngā tau, arā, ka huri te peita mā ki te kōwhai, te peita kahurangi ki te kārikitea. Kua mukua te wānihi tawhito e ō mātou kaiwhakatikatika, kātahi ka tāia te pikitia ki te wānihi hou.

---

b E tohu ana ngā wāhi pōuruuru i ngā 'mahi whakapaipai' a ngā kaiwhakatikatika peita o mua. Kua tangohia ake aua wāhi, kātahi ka whakaranuhia ngā kano motuhake kia puta mai ai ngā tae taketake.

---

c Kua whakakīia tēnei wāhi taretare o te koti o Tamihana ki te tioka me te kāpia kia rite te hanga ki te kānawehi o waho – kātahi ka tāia ki tētahi peita pango he ōrite te tāhina ki tērā a te ringatoi.

Before conservation

Before paintings go on display, Te Papa conservators examine them for damage and deterioration. They then restore them with care and skill to allow the artist's original vision – and colours – to shine through.

---

a Varnish discolours as it ages, making white paint appear yellow, and turning cool blues into warm greens. Our conservators removed the old varnish, and applied a new coat.

---

b Cloudy patches show where a previous restorer has 'touched up' areas of missing paint. These areas were removed and the original colours matched with specially mixed pigments.

---

c The patch of damage on Tāmihana's jacket was filled with chalk and binder to recreate the texture of the surrounding canvas – then painted to match the artist's exact shade of black.

I mārena a Ruta Te Kapu (m. 1870), nō Ngāti Raukawa, ki a Tāmihana Te Rauparaha (wh. 56–59), te tama a Te Rauparaha, arā, a te rangatira rongonui o Ngāti Toa, i te tau 1843. I taunga tā rāua noho ki te ao Pākehā, i utua e rāua ngā Pākehā hei tonotono i tō rāua whare ki Ōtaki. Kāore e kore i tonoa ā rāua kōwaiwai kiritangata e William Beetham, he mātanga ringatoi i tae mai ki Pōneke i ngā tau 1850.

I mōhiotia a Ruta hei wahine 'whanonga tika, whanonga Pākehā hoki'. I rongonui hoki tana kohinga pūweru. Kua peitahia ia e Beetham e mau ana i te kupenga makawe o Ruta, ā, kua wāwāhitia ōna makawe ki waenganui o te upoko – ko ngā tāera ēnei o ngā tau 1860. Kua tāmokohia te ngutu o raro o Ruta – he tohu o tōna mana.

Kua tohua nā William Beetham (1809–1888)
Ingarangi / Aotearoa

***Ruth* [Ruta]*, wife of Tamihana Te Rauparaha*, takiwā o 1860**

Peita hinu, pepa mārō, taitapa 650 × 565mm

Te Papa (1992-0035-1638)

Ruta Te Kapu (d. 1870), of the Ngāti Raukawa iwi, married Tāmihana Te Rauparaha (pp. 56–59), son of the famous Ngāti Toa leader Te Rauparaha, in 1843. The couple lived a life of privilege, employing Pākehā servants for their house at Ōtaki. They most likely commissioned their portraits from William Beetham, a professional artist who arrived in the Wellington region in the 1850s.

Ruta was described as having the 'manners and taste of an English lady', and was known for her collection of stylish dresses. Beetham has painted her wearing a hairnet, her hair parted in the middle – the height of 1860s fashion. Her bottom lip is tattooed with a ngutu tā – a moko that befits her mana.

Attributed to William Beetham (1809–1888)
England / New Zealand

***Ruth* [Ruta]*, wife of Tamihana Te Rauparaha*, about 1860**

Oil on cardboard, frame 650 × 565mm

Te Papa (1992-0035-1638)

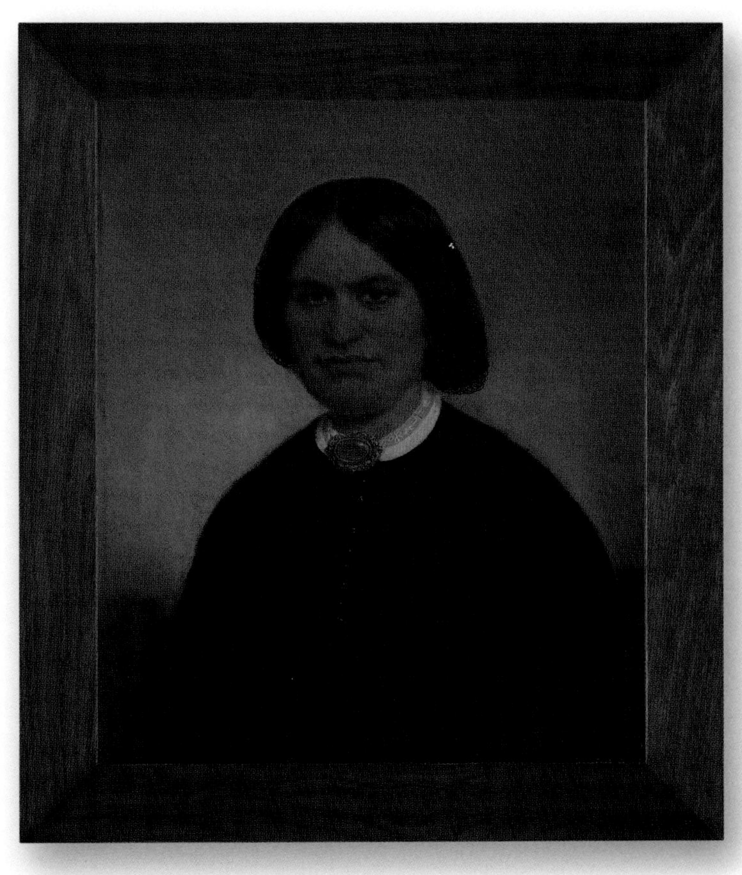

Nā James Mackay tēnei peita i tono i te tau 1844. E whakaahua ana tēnei peita i tētahi whānau whai rawa nō Kotirana e karapotia ana e ā rātou rawa kaota, e takatū ana ki te hūnuku ki rāwāhi – kei tua o te ākau rā tō rātou kaipuke.

Heoi, ko te kōrero tōtika, ko te whānau Mackie kē tēnei nō Aberdeen. I taua wā, i te noho rātou ki Rānana. Ahakoa kei te mau tātana rerekē te katoa o te whānau – e āhua hāngai ana ngā tauira ki ngā tauira tuku iho o Kotirana.

Waihoki, kāore rātou i rīhi i te kaipuke motuhake, engari i haere rātou i Paremata mā runga i tētahi kaipuke nō te Kamupene o Niu Tīreni kē e ahu atu ana ki Whakatū, i Aotearoa, kei raro iho nei ngā taipitopito.

Ko te hua tēnei 'paki ā-toi' o te tino hiahia o Mackay ki te hūnuku ki whenua kē ki te whakahou i te tuakiri o tōna whānau? Ko tōna hiahia rānei tēnei ki te āta whakaatu atu i te hononga o tōna whānau ki ngā pae maunga o Kotirana, i mua i tō rātou wehenga atu ki Aotearoa, i runga i te whakaaro, tērā pea e kore ā muri e hokia.

William Allsworth (1811–64)
Ingarangi

***The emigrants*, 1844**

Peita hinu, kānawehi, taitapa 1135 × 1450mm

He mea hoko nā te pūtea a Te Puna Tahua, 1992 (1992-0022-1)

James Mackay commissioned this painting in 1844. It shows a prosperous Scottish family, surrounded by their worldly goods, preparing to depart for far-off lands – their ship lies at anchor just off the coast.

In reality, however, the Mackay family were the Mackie family from Aberdeen, who at the time lived in London, not the Scottish Highlands. Although the entire family is dressed in different tartans, they are only loosely based on customary Scottish patterns.

And rather than chartering a private vessel, they sailed from Plymouth aboard a New Zealand Company ship bound for Nelson, New Zealand (see detail below).

Is this 'artistic licence' the result of Mackay seizing the opportunity emigration offered to reinvent his family's identity? Or was he wanting to represent his family's deep ancestral connection to the Highlands before they embarked on a journey to New Zealand from which they may never return?

William Allsworth (1811–64)
England

***The emigrants*, 1844**

Oil on canvas, frame 1135 × 1450mm

Purchased 1992 with New Zealand Lottery Grants Board funds (1992-0022-1)

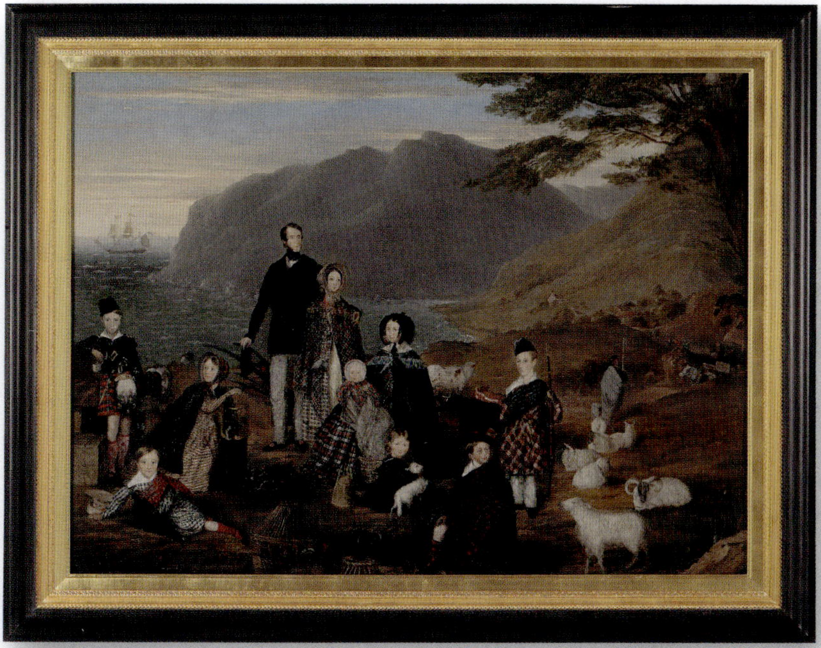

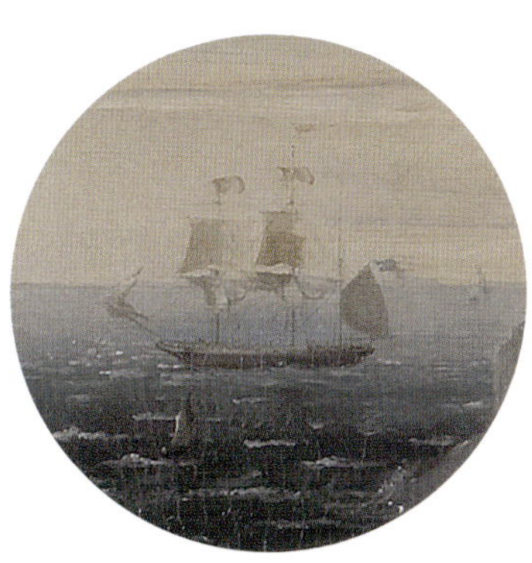

Anei a Dr Isaac Featherston – te tangata tuatahi i tohua hei upoko mō Pōneke – e tū whakahīhī ana i tēnei kiritangata i te taha o ngā rangatira o Te Ātiawa, arā, o Honiana Te Puni (m. 1870) rāua ko Wī Tako Ngātata (tirohia te wh. 54). E mau ana a Te Puni i te pōtae kāpene moana, ā, kei te kitea tōna mataora ahakoa tōna pāhau roroa. Kei muri tata i a ia a Wī Tako, e mau ana i tētahi hūtu papai.

He mārama te kite atu i ēnei rā he mea whakaiti te whakanohonga o ngā rangatira Māori ki te tuarongo o te kōwaiwai. Ahakoa tērā, he mea nui i whai wāhi ai rāua ki te kōwaiwai kiritangata ōkawa o tētahi kaitōrangapū Pākehā – i tonoa, i utua hoki e te kāwanatanga. He tohu pea tēnei i whakawhirinaki atu ngā Pākehā ki a Te Ātiawa i ngā tau mātāmua o Pōneke.

Tekau tau nō muri atu i te whakatutukinga o tēnei kiritangata, ka tono a Dr Featherston i te ringatoi ki te tā i te mētara kei tōna uma. He mea tuku ki a ia i runga i tōna māia i ngā Pakanga Whenua.

He pōrohe te āhua o te tēpu a Dr Featherston, ā, e takoto marara ana ngā mahere me ngā pepa i te papa. E whakahāngai ana rānei te ringatoi i ngā āhuatanga pōrohe nei ki ngā whakahaere o te Pākehā ki Pōneke i ngā tau 1850?

William Beetham (1809–1888)
Ingarangi / Aotearoa

***Dr Featherston and the Maori chiefs, Wi Tako and Te Puni*, 1857–58**

Peita hinu, kānawehi, taitapa 2930 × 2020mm

Ka whiwhi i te tau 1881 (1921-0001-1)

Dr Isaac Featherston (1813–1876) – the first elected head of Wellington province – poses with a swagger in this portait with Te Ātiawa iwi leaders Honiana Te Puni (d. 1870) and Wī Tako Ngātata (see p. 54). Te Puni wears a sea captain's hat, and has a full facial moko, which is apparent in spite of his long beard. Wī Tako, wearing a contemporary day suit, stands slightly behind him.

The placement of the Māori leaders in the painting's background jars today. Even so, it is significant that they were included in an official portrait of a colonial politician, commissioned and paid for by public subscription. It suggests that in Wellington's early years Pākehā settlers were dependent on Te Ātiawa's support.

Nearly ten years after his portrait was completed, Dr Featherston asked the artist to add the medal on his chest, awarded for bravery in the New Zealand Wars.

Dr Featherston's desk is messy, and maps and documents lie scattered on the floor. Is it possible that the artist is making a point about the disorder of colonial rule in 1850s Wellington?

William Beetham (1809–1888)
England / New Zealand

***Dr Featherston and the Maori chiefs, Wi Tako and Te Puni*, 1857–58**

Oil on canvas, frame 2930 × 2020mm

Acquired 1881 (1921-0001-1)

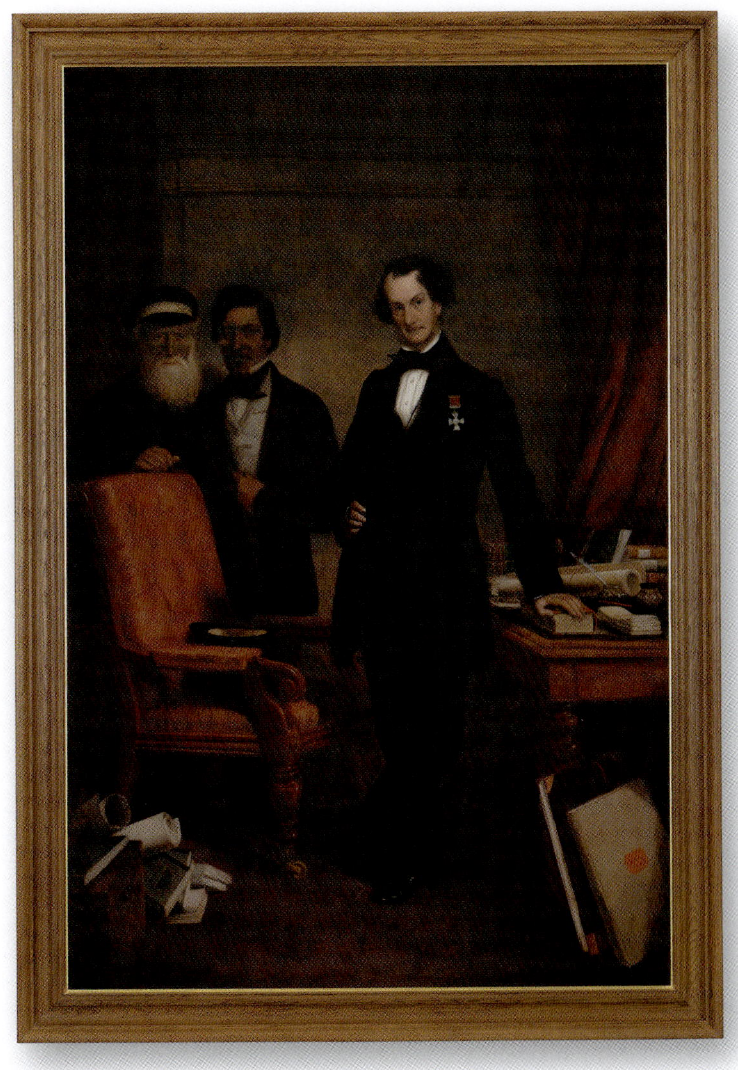

Ko Charles Decimus Barraud (1822–1897) tētahi o ngā pou o te New Zealand Academy of Fine Arts, ā, ka tū hoki ia hei perehitini mō te kura rā. I whai pūtea ia i tana whakahaere i tētahi whare rongoā ki Lambton Quay. E mākona ai tōna ngākau, i haerea te motu e ia me te peita i ngā wāhi mīharo o tēnei whenua.

Ka hau te rongo o tana ringatori, o James Nairn nō Kōtirana, i āna mahi whakaahua taiao. Ahakoa te rerekē o āna mahi i tā Barraud, i mōhio rāua ki a rāua, ā, i whakarangatira rāua i a rāua anō.

Anei a Barraud me āna rawa toi – he pae whakaranu ki tana ringa mauī, he paraihe ki tana ringa matau. Kei te tuarongo tētahi o ngā kōwaiwai a Barraud – he rerekē i āna whakaahua taiao whakahirahira, he peita huahua iti kē.

James M Nairn (1859–1904)
Kotirana / Aotearoa

***Portrait of C D Barraud*, 1897**

Peita hinu, kānawehi, taitapa 1359 × 1205mm

He takoha nā te New Zealand Academy of Fine Arts, 1936 (1936-0012-1)

Charles Decimus Barraud (1822–1897) was a founding member of the New Zealand Academy of Fine Arts, and later its president. To earn a living, he ran a pharmacy on Lambton Quay, but for pleasure he travelled the country painting its scenic wonders.

His portraitist, the Scotsman James Nairn, made a name for himself with his impressionist landscapes. Though his approach to making art was different to Barraud's, the pair moved in the same artistic circles, and held each other in mutual respect.

Barraud poses with his artist's tools – a palette in his left hand and a brush in his right, while one of his paintings sits in the background – not one of his usual grand landscapes, but rather a small painted sketch.

James M Nairn (1859–1904)
Scotland / New Zealand

***Portrait of C D Barraud*, 1897**

Oil on canvas, frame 1359 × 1205mm

Gift of the New Zealand Academy of Fine Arts, 1936 (1936-0012-1)

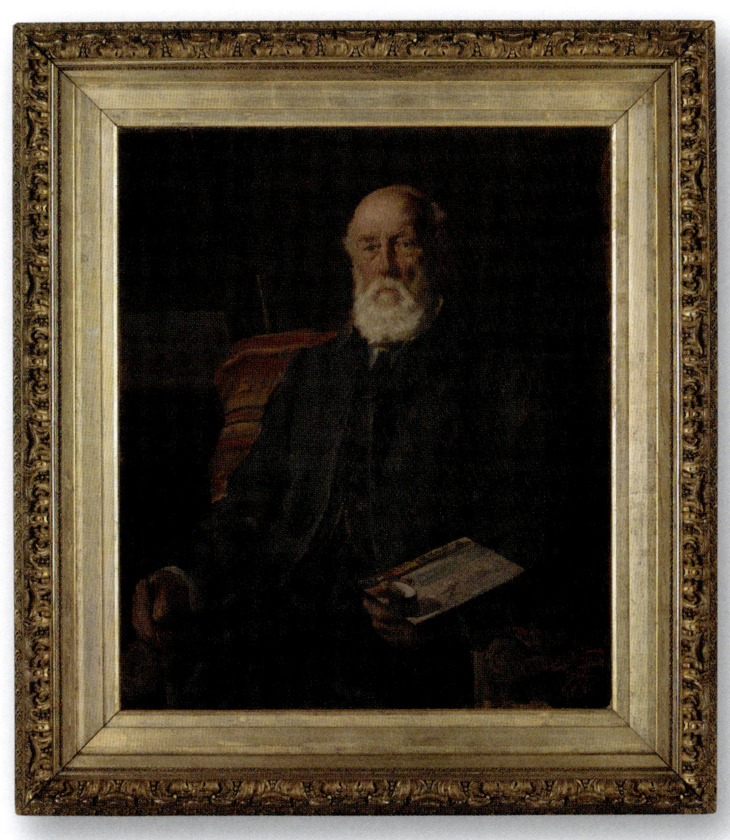

E mōhiotia whānuitia ana a Gottfried Lindauer mō āna kōwaiwai kiritangata, heoi, i whakaahua hoki ia i te oranga o te Māori – ko te nuinga, he tuituinga whakaahua nō ngā wāhi rerekē.

Anei ētahi wāhine e mau ana i ngā kākahu Pākehā e whakarite ana ki te tunu i te rīwai me te ika i runga i te ahi mā ngā taputapu Pākehā. Kua whakaahutia e Lindauer tētahi ao kua mau i waenga i te wā o mua me te wā tū – otirā, he tirohanga Pākehā noa tēnei, ehara i te ao Māori tūturu.

Heoi anō, he ao hori kē tēnei. He tangata noa ēnei, ā, kua whakapaipaihia te wāhi hei muku atu i ngā taumahatanga ki runga i te Māori i te tau 1910.

Kei te mau panekoti, tīhāte, pūweru kitakita hoki ngā wāhine. I ngā tau mātāmua o te rautau rua tekau, i kaha kitea ngā wāhine e mau kākahu kitakita ana, i ngā tangihanga tonu.

Hei tā ngā kōrero kei muri i te peita, he mea takoha tēnei ki a Myra Lindauer Partridge (wh. 76) e te ringatoi i te tau 1910.

Gottfried Lindauer (1839–1926)
Pohemia / Aotearoa

***Maori women and children on riverbank*, 1910**

Peita hinu, kānawehi, taitapa 1237 × 1543mm

He mea hoko nā te putea a Te Puna Tahua, 2000 (2000-0011-1)

Gottfried Lindauer is best known for his portraits, but he also painted scenes of Māori life – many of them composite images, stitched together from various sources.

Here, women wearing European clothing prepare to cook potatoes and fish over an open fire, using European implements. Lindauer has portrayed a world caught between past and present – a view that tells us more about Pākehā perspectives than Māori realities.

The world portrayed is, in fact, idealised. The subjects are generic, and the scene is airbrushed of the hardships that Māori would have experienced in 1910.

The bright skirts, shirts, and dresses the women wear are indicative of how, in the early 1900s, it was common for Māori women to wear colourful clothing, even to tangihanga.

An inscription on the back of this painting records that it was gifted to Myra Lindauer Partridge (p. 76) by the artist in 1910.

Gottfried Lindauer (1839–1926)
Bohemia / New Zealand

***Maori women and children on riverbank*, 1910**

Oil on canvas, frame 1237 × 1543mm

Purchased 2000 with New Zealand Lottery Grants Board funds (2000-0011-1)

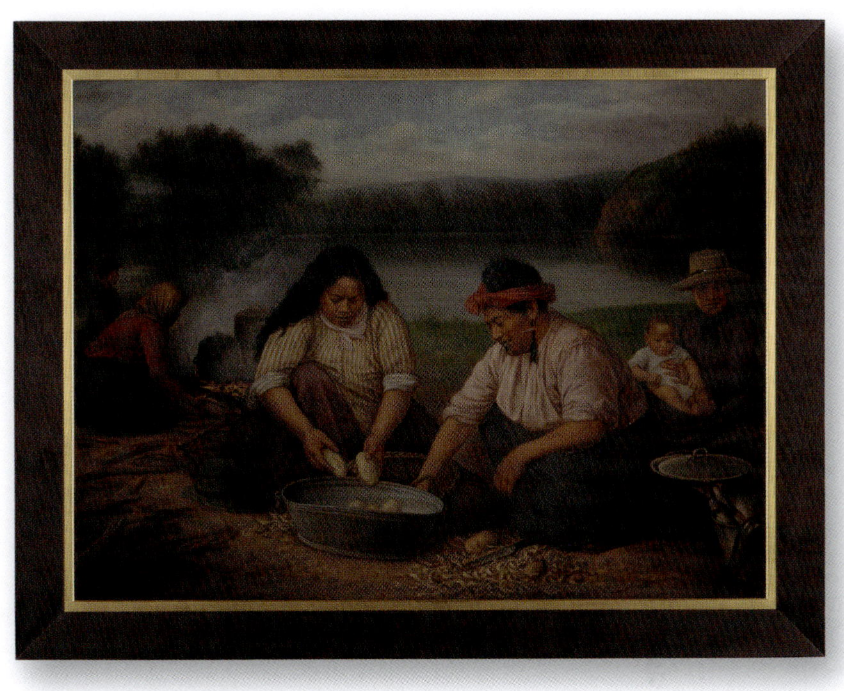

I tonoa tēnei kōwaiwai kiritangata nā Gottfried Lindauer e Raita Tuterangi rāua ko tana hoa tāne, ko Paramena Te Naonao (wh. 72), i te tau 1885. I haere tahi rāua ki Heretaunga, te wāhi i noho ai a Lindauer i taua wā, kia whakaahuatia rāua – koia te tauira o ēnei whakaahua.

Kāore i te mōhiotia he aha i kore ai ēnei kōwaiwai kiritangata i tīkina atu e te whānau Paramena, na konā, i taka iho ēnei taonga ki ngā ringaringa o te Pākehā. I kitea ēnei pikitia takarepa kore i te tau 1995, i raro i tētahi moenga i Te Waiharakeke.

Kua whakanikohia te kākahu ātaahua o Raita ki ngā huruhuru kiwi. He tohu mana nui ngā hou huia.

Kei te mau hei tiki a Mrs Paramena ki waho atu o tana hikurere kōtuitui. E taunaki ana tēnei kiritangata i te whakaaro kāore i tino tika te mahi tā hei tiki a Lindauer.

Gottfried Lindauer (1839–1926)
Pohemia / Aotearoa

***Mrs Paramena* [ko Raita Tuterangi o Mōkai Pātea], takiwā o 1885**

Peita hinu, kānawehi, taitapa 1130 × 950mm

He mea hoko nā te pūtea a Te Puna Tahua, 1995 (1995-0003-3)

Raita Tuterangi commissioned this portrait from artist Gottfried Lindauer in 1885, together with her husband, Paramena Te Naonao (p. 72). The pair travelled to Hastings, where Lindauer was temporarily based, and sat for their photographs – the basis for these paintings.

For an unknown reason, the couple never collected their portraits, and they passed into Pākehā ownership. The paintings were found in pristine condition in 1995, under a bed in Blenheim.

Raita's splendid kākahu is decorated with kiwi feathers, and the huia feathers in her hair are a symbol of high status.

She wears a hei tiki over her lace blouse, threaded on a cord of colourful wool. This portrait is evidence that Lindauer never quite learned to depict a hei tiki accurately.

Gottfried Lindauer (1839–1926)
Bohemia / New Zealand

***Mrs Paramena* [Raita Tuterangi of Mōkai Pātea], about 1885**

Oil on canvas, frame 1130 × 950mm

Purchased 1995 with New Zealand Lottery Grants Board funds (1995-0003-3)

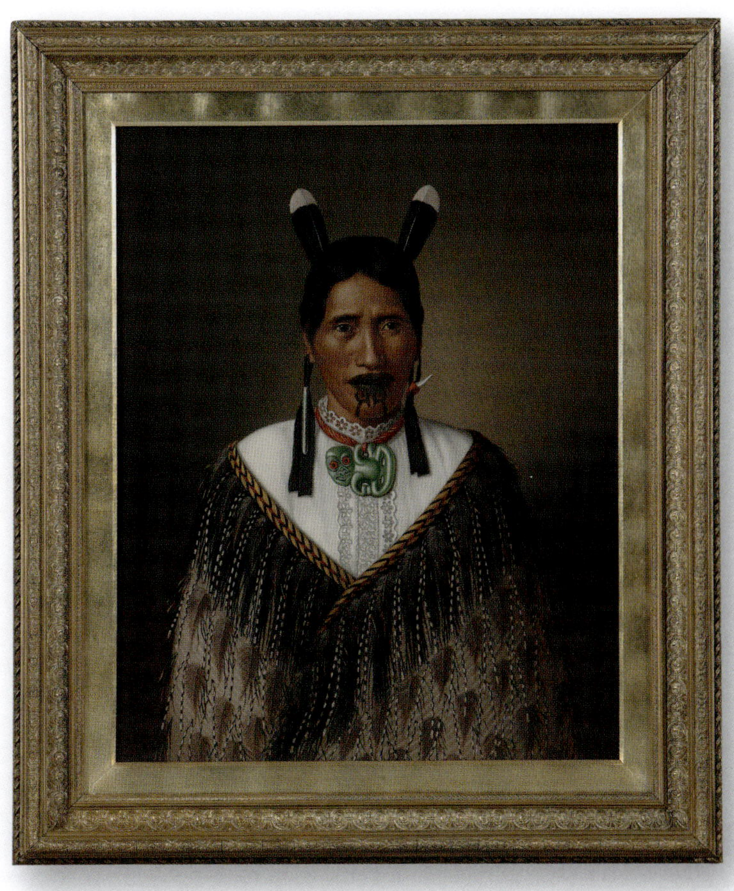

Ka peitahia a Paramena Te Naonao, arā, ko te tāne o Raita Tuterangi (wh. 70) e Lindauer. Koia tētahi o ngā kiritangata e rua i tonoa e rāua tahi.

Pērā i te kiritangata a Tuterangi, he tohu ngā taonga whakapaipai a Te Naonao o tōna mana. Kei te tauri o te taiaha a Mr Paramena ngā huruhuru o te manu me te te kurī. Kua whakapaipaihia tōna kākahu ki ngā huruhuru o ngā manu māori, o ngā manu tauiwi anō. Kei tōna taringa mauī tētahi kapeu roa, he mea hanga ki te pounamu.

Gottfried Lindauer (1839–1926)
Pohemia / Aotearoa

***Mr Paramena* [Paramena Te Naonao o Mōkai Pātea me Ngāti Kahungunu], takiwā o 1885**

Peita hinu, kānawehi, taitapa 1132 × 958mm

He mea hoko nā te pūtea a Te Puna Tahua, 1995 (1995-0003-2)

Paramena Te Naonao, the husband of Raita Tuterangi (p. 70) was painted by Lindauer in one of a jointly commissioned pair of portraits.

As with Tuterangi's portrait, Te Naonao is adorned with taonga that convey his mana. His taiaha is adorned with feathers and fur from a kurī, and his kākahu is richly patterned with feathers from native and introduced birds. He also wears a long kapeu, carved from pounamu, in his left ear.

Gottfried Lindauer (1839–1926)
Bohemia / New Zealand

***Mr Paramena* [Paramena Te Naonao of Mōkai Pātea and Ngāti Kahungunu], about 1885**

Oil on canvas, frame 1132 × 958mm

Purchased 1995 with New Zealand Lottery Grants Board funds (1995-0003-2)

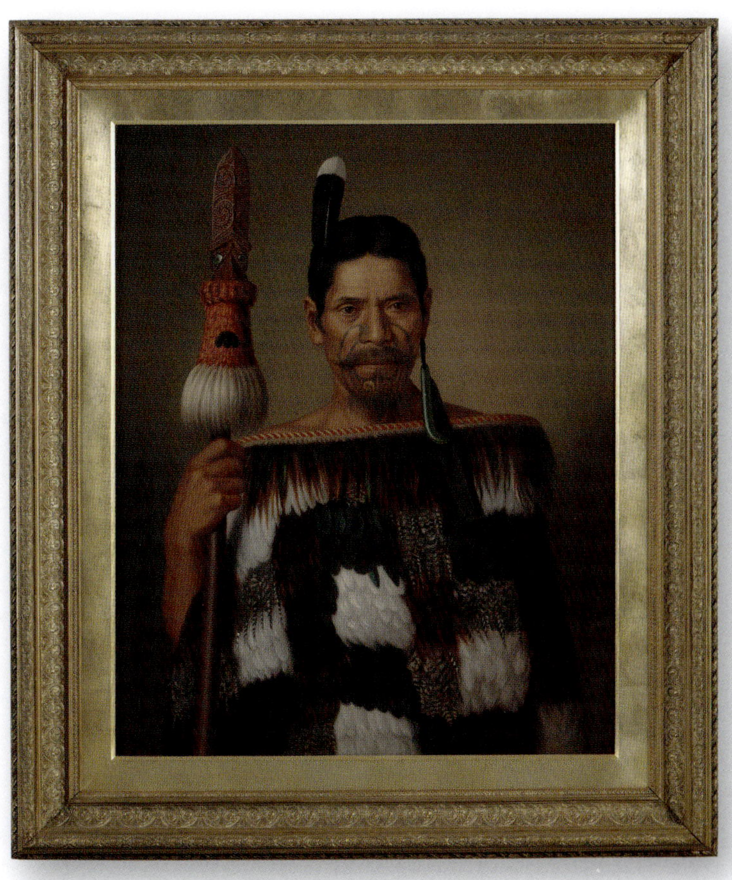

Te āhua nei i peitatia tēnei kōwaiwai kiritangata mā tēnei wahine ingoakore, mā tōna whānau rānei. I te nuinga o te wā, ka kitea ngā taonga Māori me ngā kākahu Māori ki roto i ngā kōwaiwai kiritangata mō te Māori mā te Pākehā nā Gottfried Lindauer. Ahakoa tērā, kei te mau kākahu huatau Pākehā tēnei wahine – hei tohu i tōna āhua ake. Kua hangaia ngā mau taringa koura nei ki te pounamu – he tohu nō taua wā rā o tōna mana nui.

He maha ngā kōwaiwai kiritangata i peitatia e Lindauer mō te Māori mai i ngā tau waenga o te tekau tau 1870. He ara anō ngā kōwaiwai kiritangata hei whakaatu i te tuakiri o te tangata e peitangia ana, pēnei i te whakairo me ētahi atu mahi toi.

Kāore ngā kaimahi o te whare taonga i te mōhio ko wai te tamāhine nei. Heoi, ki te whakaatuhia ēnei momo kiritangata (tirohia ngā whārangi 88 me 102) ki te marea, waihoki ki ngā uri, i roto i ngā whakaaturanga me ngā pukapuka, ko te tūmanako, i tētahi rā, ka rangona anō ō rātou ingoa me ngā kāwai whakapapa.

Gottfried Lindauer (1839–1926)
Pohemia / Aotearoa

Ingoa-kore (He wahine Māori), takiwā o 1874

Peita hinu, kānawehi, taitapa 794 × 668mm

Kua ngaro ngā kōrero (1936-0036-1)

This portrait was probably painted for this woman or her whānau. Gottfried Lindauer's portraits of Māori painted for Pākehā usually feature customary adornment and clothing. But this elegant young woman wears beautifully tailored European clothing – her own personal expression. Her gold earrings are set with pounamu – a symbol of status – in a contemporary style.

Lindauer painted many portraits for Māori clients from the mid-1870s. For his sitters, portraiture was another way of representing themselves, in addition to whakairo and other art forms.

The identity of the sitter is not known to staff at the museum. However, by making portraits such as this and those of other unidentified Māori women (see pages 88 and 102) available to the public and potential descendants via exhibitions and books, it is hoped that their names and whakapapa may one day be shared again.

Gottfried Lindauer (1839–1926)
Bohemia / New Zealand

Untitled (Maori woman), about 1874

Oil on canvas, frame 794 × 668mm

Acquisition history unknown (1936-0036-1)

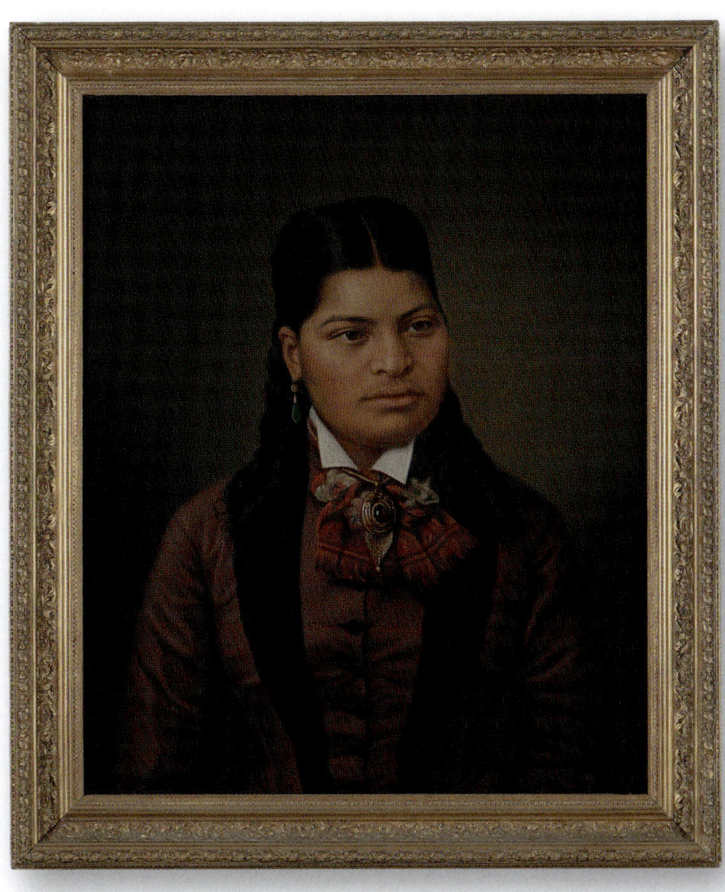

I te kitenga atu o tēnei kōwaiwai kiritangata i te tau 1888, i mōhio ngā kaihōmiromiro 'ko te tamāhine tēnei a tētahi o ngā kaihokohoko nō te tiriti o Kuīni' – ko Myra Lindauer Partridge, e whā tau tana pakeke, e mau ana i tētahi pānati parauri me tētahi koti papai.

He tohu whai rawa te kōtui ātaahua i te pānati me te kōti o Myra – e tohu ana he tamāhine tēnei nō te whānau whai rawa. Kotahi te tāera kākahu o Myra rāua ko tana tāre, he mea i ahu mai i Parī, i Pearīni rānei.

Ko Henry Partridge, te pāpā o Myra, te tino kaitaunaki o Lindauer – nāna tonu tana tamāhine i tapa ki te ingoa o Lindauer hei tohu i tērā hononga. He mea takoha te peita i te whārangi 68 ki a Myra e Lindauer.

Gottfried Lindauer (1839–1926)
Pohemia / Aotearoa

***Portrait of Myra Lindauer Partridge*, takiwā o 1890**

Peita hinu, kānawehi, taitapa 800 × 600mm

He mea hoko 2013 (2013-0025-1)

When this portrait was exhibited in 1888, reviewers quickly recognised the 'little daughter of one of the Queen-street tradesmen' – four-year-old Myra Lindauer Partridge, fashionably dressed in a russet-coloured bonnet and coat

The exquisite lace on Myra's coat and bonnet is evidence that this is the daughter of an extremely well-to-do family. Her porcelain doll, imported from Paris or Berlin, is dressed as fashionably as Myra herself.

Myra's father, Auckland businessman Henry Partridge, was Gottfried Lindauer's foremost champion and collector – he even named his daughter in honour of their relationship. The painting on page 68 was gifted to Myra by Lindauer.

Gottfried Lindauer (1839–1926)
Bohemia / New Zealand

***Portrait of Myra Lindauer Partridge*, about 1890**

Oil on canvas, frame 800 × 600mm

Purchased 2013 (2013-0025-1)

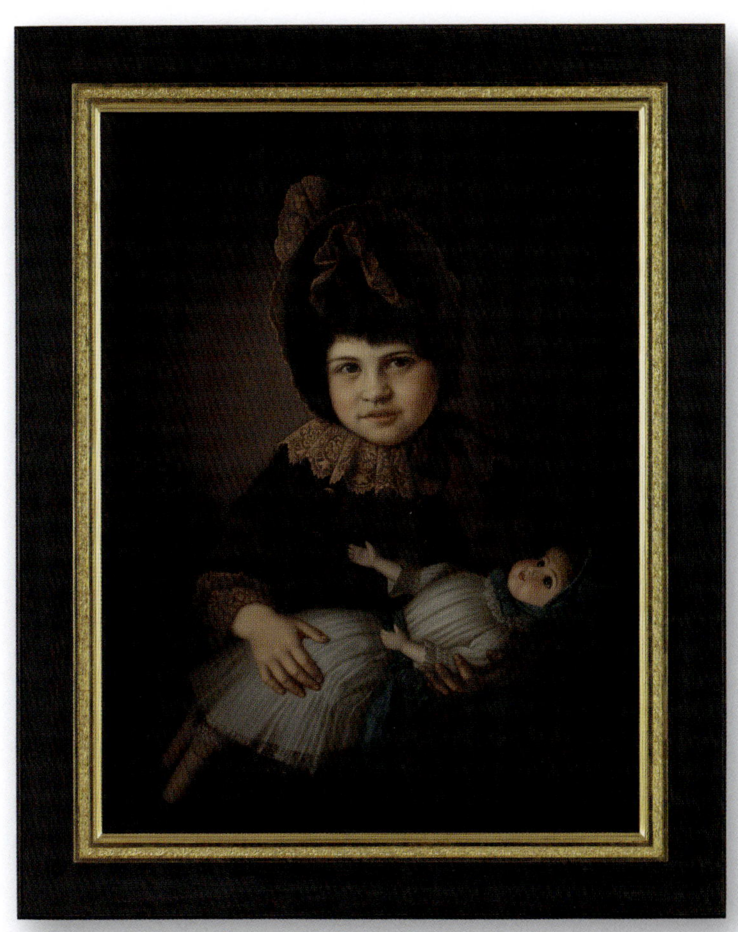

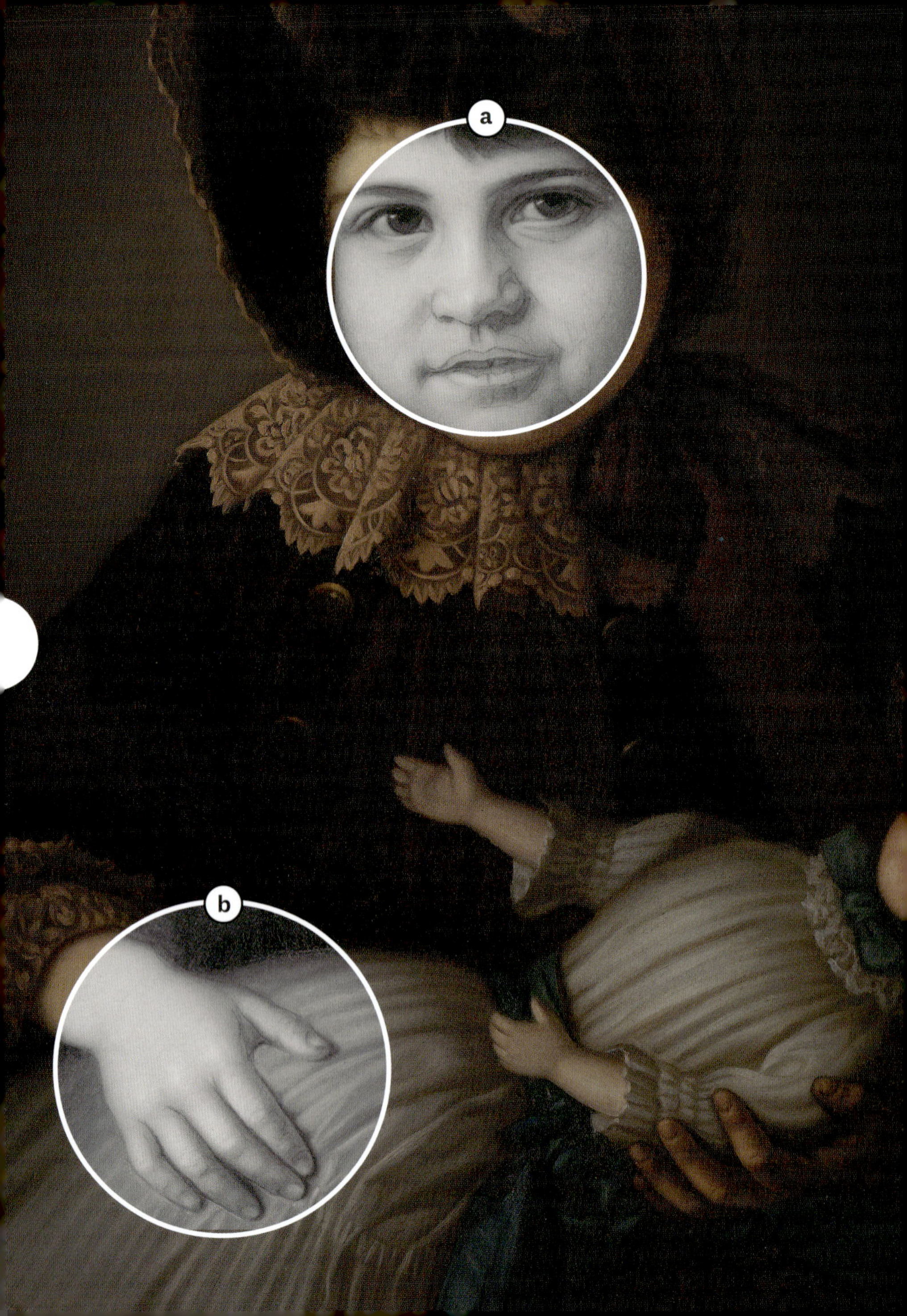
a
b

Te pene rākau kei raro iho i te peita

Ka whai a Gottfried Lindauer i te tauira o ngā whakaahua hei mahi mai i āna mahi toi. Ka whakaahuahia te tangata ki runga i te kānawehi, kātahi ka tāwhaitia tōna āhua mā te pene rākau i mua i te mahi peita. Mā te aho hihi pōkākā ka kitea tana tukanga mahi.

---

a Ahakoa te matatoru o te peita hinu, mā te aho hihi pōkākā ka āhei ngā kaiwhakatikatika ki te kite i ngā huahua a te pene rākau a Lindauer hei tā i ngā ngutu, i te ihu me ngā karu o Myra.

---

b Kua huahuatia ngā matimati o Myra mā te pene rākau, kātahi ka uhia te pikitia ki te peita he rite te tāhina ki tērā o te kiri tangata. Engari kāre he rārangi huahua ki raro iho i ngā apa māmā o te kaka o te tāre.

Pencil beneath the paint

Gottfried Lindauer often worked from photographs, projecting an image of his sitter onto canvas and tracing it in pencil before he began to paint. With infrared light, his working process becomes visible.

---

a Infrared light passes through many oil paints, allowing conservators to see beneath the painted surface to the pencil marks Lindauer made for Myra's lips, nose, and eyes.

---

b The artist has sketched Myra's fingers in pencil before applying layers of flesh-toned paint. In contrast, no construction lines can be seen beneath the soft pleats of the doll's frock.

Ko te huru ngutu nunui o Tākuta Gray Hassell kē pea te mea tuatahi e tino kitea ana i tēnei kōwaiwai, heoi, ki te āta titiro te kaimātakitaki, kei te kokonga o raro ki te taha matau tētahi pīhi reihi iti noa nei. Koinā noa iho te toenga o te kiritangata a Van der Velden mō tana wahine tuatahi, mō Eliza, i mate i te tau 1926. E ai ki ngā kōrero, nā te wahine tuarua a Hassell, nā Brownie Goddard te wahine tuatahi i 'tapahi atu' ā, ka whakahoungia te kōpari a te kōwaiwai takitahi nei.

I whānau mai a Tākuta Hassell ki Ōamaru, ā, i whakangungua hei tākuta ki Kotirana. Ka roa ia e mahi ana hei kaiwhakahaere o te hōhipera mate hinengaro ki Porirua.

Petrus van der Velden (1837–1913)
Hōrana / Aotearoa

***Dr Gray Hassell*, takiwā o 1906**

Peita hinu, kānawehi, taitapa 758 × 578mm

He takoha nā Mrs Gray Hassell, 1951 (1951-0001-1)

Dr Gray Hassell's enormous moustache might be the first thing viewers notice in this portrait, but close inspection shows a touch of lace in the painting's bottom right corner. That's all that remains of Van der Velden's portrait of his first wife, Eliza, who died in 1926. Apparently, Hassell's second wife, Brownie Goddard, had her predecessor cut out of the picture and then had the single portrait framed.

Hassell was born in Ōamaru, and trained as a doctor in Scotland. He spent most of his working career in charge of Porirua's psychiatric hospital.

Petrus van der Velden (1837–1913)
Netherlands / New Zealand

***Dr Gray Hassell*, about 1906**

Oil on canvas, frame 758 × 578mm

Gift of Mrs Gray Hassell, 1951 (1951-0001-1)

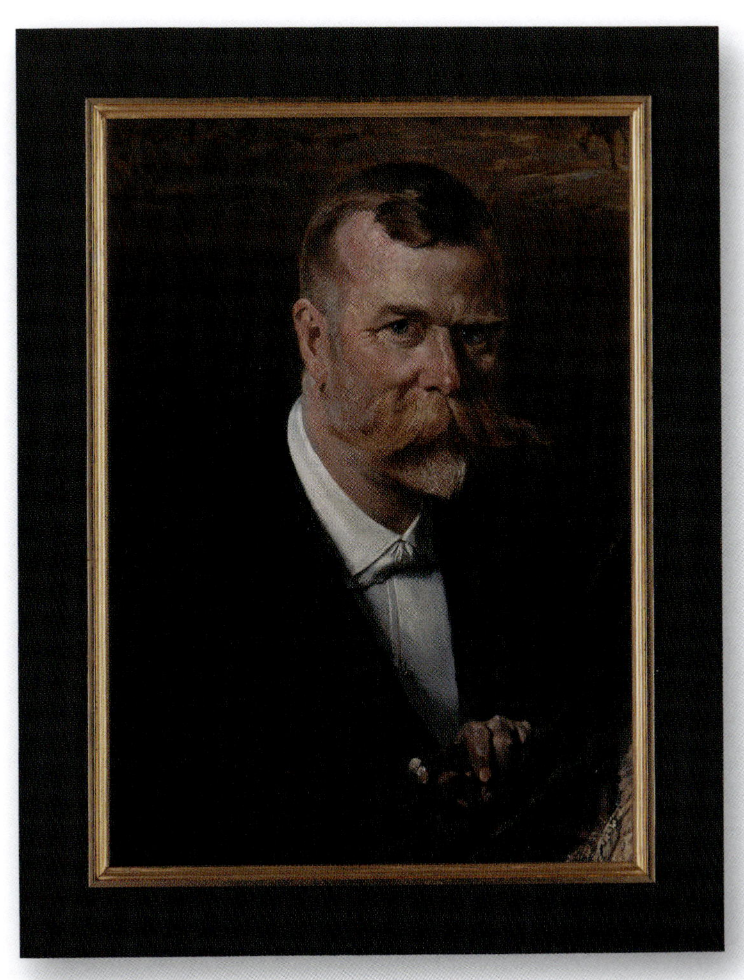

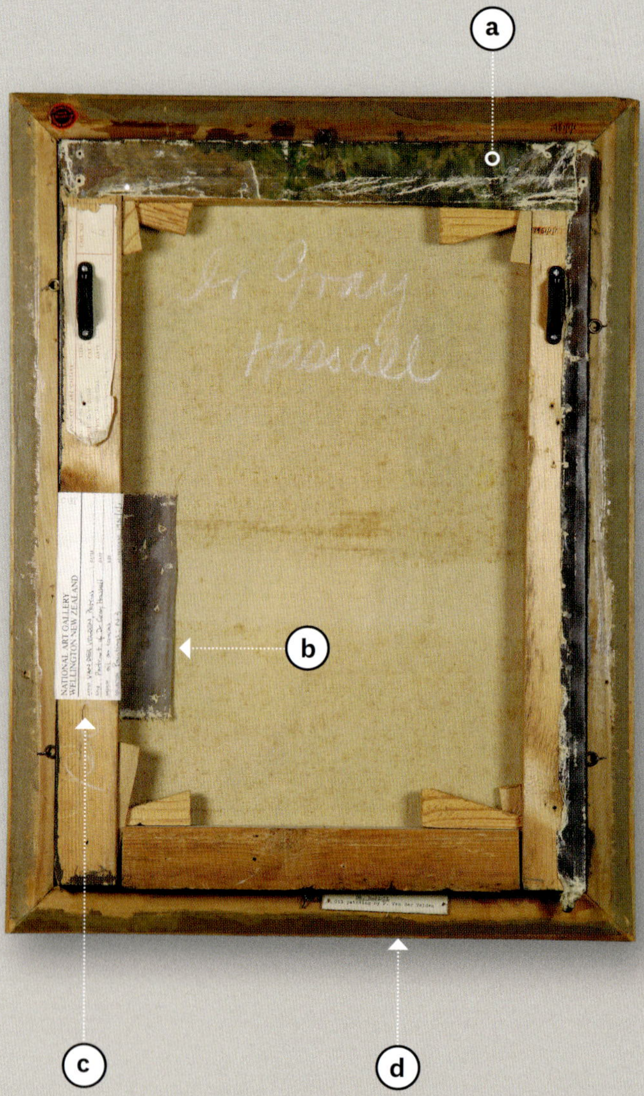

a
b
c
d

Ngā tohu o muri

Ehara i te mea he rite tonu te kōwaiwai e iri ana i runga i te pātū ki tērā i waihangatia e te ringatoi. Ka moe a Tākuta Hassell ki tana wahine tuarua, ka tapahia te kānawehi e te wahine rā kia kore ai e kitea te wahine tuatahi, a Eliza – kei muri nei te otinga o āna mahi.

a Kua tapahia te kānawehi, kua pokaia ki ngā taha e toru o te papa. E tohu ana te peita kua ahu mai tēnei i te peita taketake.

b Kua tīkina mai te hainatanga a te ringatoi, arā, a 'P. van der Velden' i te paranga kānawehi, kua pinea kē ki muri o te kōwaiwai.

c Nā te wharetoi o mua o Te Papa, arā, nā te National Art Gallery of New Zealand tēnei tapanga. Kei te taitapa te tau i takohangia te peita nei, arā, 1951/1/1, e te wahine tuarua o Tākuta Hassell, e Brownie arā, ko te tau 1951.

d He wā tōna, ka tāpirihia te tapanga ki mua o te taitapa, kei te taha whakararo, kia mātua kitea te ringatoi me te kainoho.

The evidence behind

What you see on the wall isn't always the painting the artist created. When Dr Hassell married his second wife, she had the canvas trimmed to remove the image of his first wife, Eliza – the evidence is also here on the reverse side.

a The canvas wraps around on three sides of the wooden stretcher. The fact that it is painted shows it was part of the original composition.

b The artist's signature 'P. van der Velden' has been salvaged from the discarded piece of canvas and tacked to the back.

c These labels are from Te Papa's predecessor, the National Art Gallery of New Zealand. The accession numbers written on the frame 1951/1/1 record the year Dr Hassell's second wife, Brownie, gifted this painting – 1951.

d The label on the bottom edge was probably once tacked to the front of the frame, identifying both the artist and the subject.

I waenga i ngā tau 1901 me 1903 i kuhu atu a Dorothy Kate Richmond (1861–1935) ki ngā karaehe huahua a Norman Garstin i Wīwī, i Kāngawāra, i Pēhiamu me Hōrana.

Ko te whakatau a rāua ko tōna hoa haere, a Frances Hodgkins (he ringapeita i whānau mai ki Aotearoa), kātahi anō rāua ka tūtaki ki tētahi 'tino ringatoi me tētahi tino tāne', arā, ko Garstin. Ko tā Hodgkins mō Richmond, 'he kura wahine ia, ā, he mata rerehua tōna, kei te kitea hoki tōna wairua rerehua'. Kua uhia te pūweru mā me te hei whaikano o Richmond ki tētahi koti – koia te āhua o te wahine tōtika ki rāwāhi.

I whakaatu tahi rāua i ā rāua mahi ki Pōneke i tā rāua hokinga mai i te marama o Tīhema i te tau 1903. Heoi, ka whai oranga a Hodgkins ki tāwāhi, ka noho a Richmond ki Aotearoa hei pou o te hapori toi.

He mea peita e Garstin te ingoa o Richmond me te rā i peitangia ai te kōwaiwai kiritangata rā ki ngā pū matua, ki te kokonga o runga i te taha matau – he tāera i tīkina ake e Richmond hei tapa, hei haina hoki i āna ake peita.

Norman Garstin (1847–1926)
Airani / Ingarangi

***Portrait of D K Richmond*, 1903**

Peita hinu, kānawehi, taitapa 1041 × 887mm

He mea hoko 2015 (2015-0019-1)

Between 1901 and 1903, New Zealand artist Dorothy Kate Richmond (1861–1935) took summer sketching classes with Norman Garstin in France, Cornwall, Belgium and Holland.

She and her travelling companion, the New Zealand-born painter Frances Hodgkins (1869–1947), agreed that in Garstin they had met their 'ideal artist & man at last'. Richmond, once described by Hodgkins as 'the dearest woman with the most beautiful face and expression', wears a travelling cape thrown over her white dress and colourful necklace – the picture of a respectable woman abroad.

On their return to Wellington in December 1903, Richmond and Hodgkins exhibited together. Hodgkins later pursued a career overseas, but Richmond remained in New Zealand, becoming a central figure in the local art scene.

Garstin has painted Richmond's name and the portrait's date in capital letters in the top right of the portrait. Richmond would later borrow this distinctive style to title and sign her own paintings.

Norman Garstin (1847–1926)
Ireland / England

***Portrait of D K Richmond*, 1903**

Oil on canvas, frame 1041 × 887mm

Purchased 2015 (2015-0019-1)

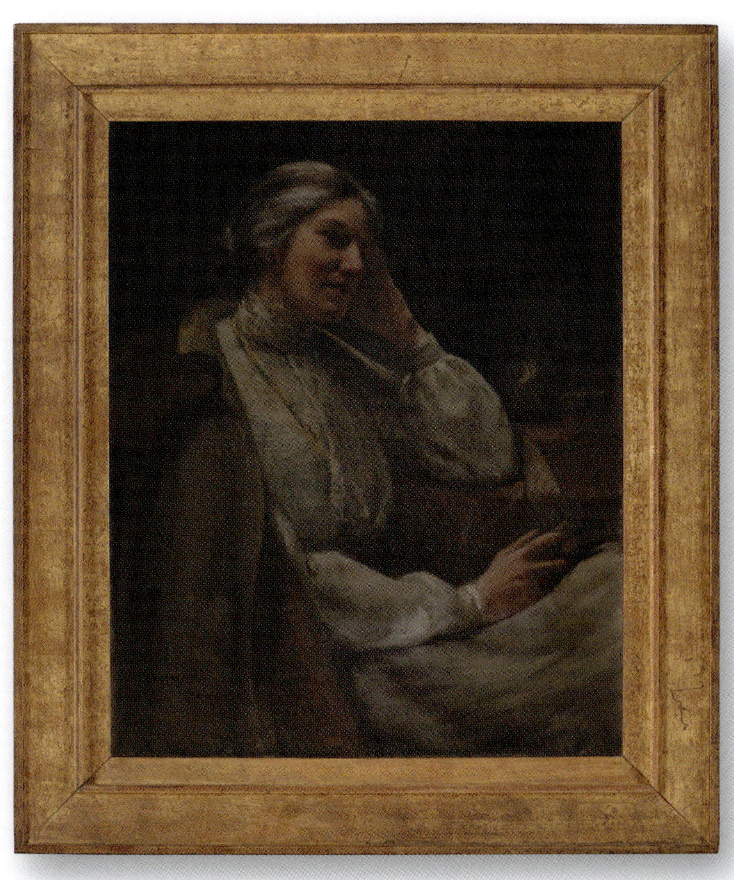

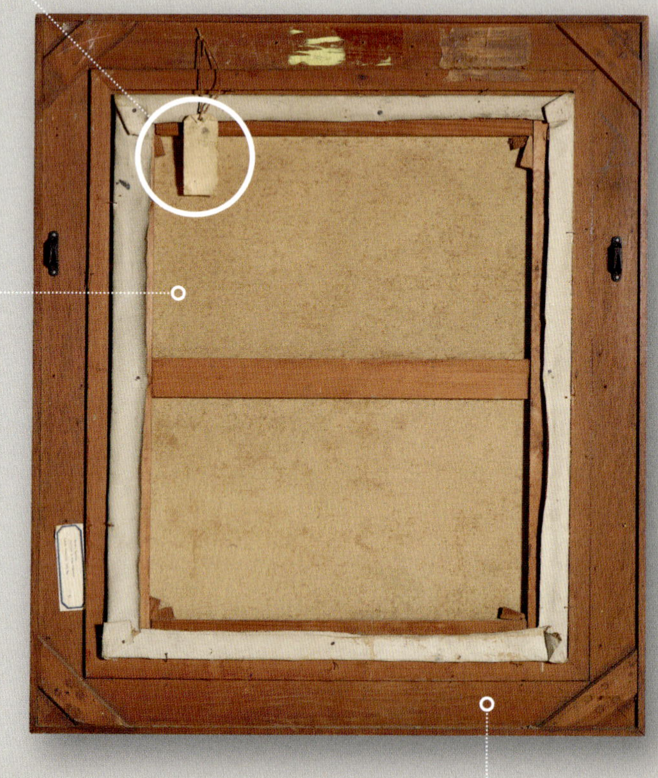

a
b
c

Ngā takahanga o te wā

Hurihia te kōwaiwai, tērā pea kei konā ngā kōrero mō te pūtakenga, mō te hītori, mō ngā kaipupuri rānei o te pikitia. I te tuatahi, i taurewatia tēnei kōwaiwai kiritangata ki te National Art Gallery hei tiaki mā rātou. He tipuna kuia tēnei. He mea homai e ngā uri i te tau 2015.

---

a Nā tētahi o te whānau tēnei tapanga i whakairi i te taurewatanga o te kōwaiwai. Kua tāngia tētahi putiputi i te taha e te tamaiti – he tohu o te nui o tēnei taonga ki te whānau.

---

b Ko te 'foxing' te ingoa o ēnei wāhi waikura. Ka kitea i ngā kānawehi tawhito kua pāngia e te takawai.

---

c E pūmau ana te noho a te kānawehi ki roto i te taitapa hira ātaahua – e tohu ana tērā he ōrite te kaumātua o ngā mea e rua.

A history of ownership

Turn a painting over and you'll often catch glimpses of its provenance, or history of ownership. Originally loaned to the National Art Gallery for safekeeping, this portrait of a loved great-aunt was acquired from descendants in 2015.

---

a This hanging label was attached by a family member when the painting was loaned. A child has drawn a flower on this side – a trace of its life as a family treasure.

---

b These rust-coloured spots are called 'foxing'. They are often seen on old canvases that have been exposed to humidity.

---

c The beautifully crafted cedar frame with insets at the corners fits the canvas neatly – a sign it is as old as the painting itself.

Ka tae ki ngā tau 1890, i te mau te nuinga o ngā Māori i ngā kākahu Pākehā mō ngā tau e hia kē nei. Ahakoa kāore ngā kaimahi o te whare taonga i te mōhio ki te ingoa me te whakapapa o tēnei tamāhine, ko te whakapae, kei te mau ia i ngā rawa nō te taupuni o te ringatoi, kaua ko āna anō taonga.

Āe, he tohu te wahine nei o te rerehua o te Māori, engari kei ōna kanohi tōna mana ake.

E tohu ana te moko kauae o te wahine nei i tōna mana me tōna tuakiri.

Kua whakarākeia ngā makawe o te wahine nei ki tētahi wāhanga o te ngutu kākā kōwhai.

Louis John Steele (1842–1918)
Ingarangi / Aotearoa

Ingoa-kore (He whakaahua kiritangata o te kōhine Māori e mau ana i te moko kauae), 1891

Peita hinu, kānawehi, taitapa 648 × 550mm

He mea hoko nā te pūtea a te Ellen Eames Collection, 1995 (1995-0015-1)

By the 1890s, most Māori had been wearing European clothing for decades, but Pākehā were eager for portraits of Māori in customary dress. It may be that this young woman, whose name and whakapapa remain unknown to museum staff, is dressed in props from the artist's studio rather than her own personal taonga.

The woman's moko kauae is a sign of her mana and personal identity, and a cutting of kōwhai ngutu kākā adorns her hair.

Although she represents an idealised image of Māori beauty, her gaze maintains a sense of self that is out of reach.

Louis John Steele (1842–1918)
England / New Zealand

Untitled (Portrait of a young Maori woman with moko), 1891

Oil on canvas, frame 648 × 550mm

Purchased 1995 with Ellen Eames Collection funds (1995-0015-1)

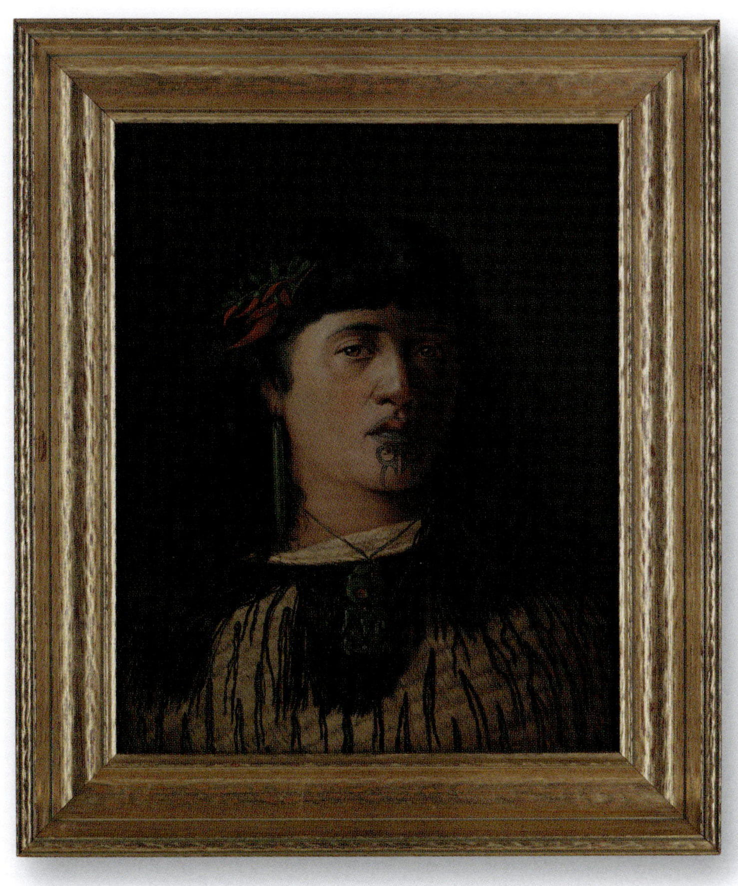

He tohunga whakairo a Ānaha Te Rāhui (m. 1913) nō Ngāti Tarāwhai, he iwi nō Rotorua i ū ki ngā mahi whakairo. I ngā Pakanga Whenua, i ārahi ia i tana iwi me te iwi o Te Arawa, kia whawhai tahi me te kāwanatanga. Ā ka tū ia hei ariki nui mō te iwi o Ngāti Tarāwhai.

E taunga ana a Te Rāhui ki ngā ao e rua, he mōhio nōna ki ngā kōrero hītori o tana iwi me ngā tūkanga whakahaere a te Pākehā. Kei roto ia i ngā whakaahua me ngā kōwaiwai maha, nā Charles F Goldie e toru o aua kōwaiwai.

He rongonui a Te Rāhui mō āna mahi whakairo mō ngā kaitono Māori huri noa i te rohe o Rotorua, waihoki mō te hunga tūruhi. Anei a Te Rāhui e tū ana ki mua i tētahi wharenui kua uhia tōna korowai ki tētahi pokohiwi, ā, kua herea tērā taha. Kua tino mau i a Goldie ngā hukahuka pango o te korowai – i rongonui ia i tēnei tāera pono ōna.

Charles F Goldie (1870–1947)
Aotearoa

***Anaha Te Rahui, famed Maori carver from Rotorua*, 1909**

Peita hinu, kānawehi, taitapa 1077 × 943mm

He mea hoko nā te pūtea tautoko a te Ellen Eames Estate, 2005 (2005-0016-1)

Ānaha Te Rāhui (d. 1913) was a master carver from Ngāti Tarāwhai, the Rotorua iwi instrumental in the survival of whakairo. During the New Zealand Wars, he led his people alongside Te Arawa on the side of the government. He eventually became Ngāti Tarāwhai's paramount leader.

Te Rāhui combined a profound knowledge of tribal history with an aptitude for navigating Pākehā systems. He is portrayed in many photographs and paintings, including three by the artist Charles F Goldie.

Te Rāhui is famous for the wharenui he carved for Māori clients in and around Rotorua, as well as for the tourist market. Here he is depicted against a wharenui, wearing his korowai draped over one shoulder and tied at the other. Goldie has captured the fine black hukahuka in great detail – he was famous for his realistic style.

Charles F Goldie (1870–1947)
New Zealand

***Anaha Te Rahui, famed Maori carver from Rotorua*, 1909**

Oil on canvas, frame 1077 × 943mm

Purchased 2005 with the assistance of the Ellen Eames Estate fund (2005-0016-1)

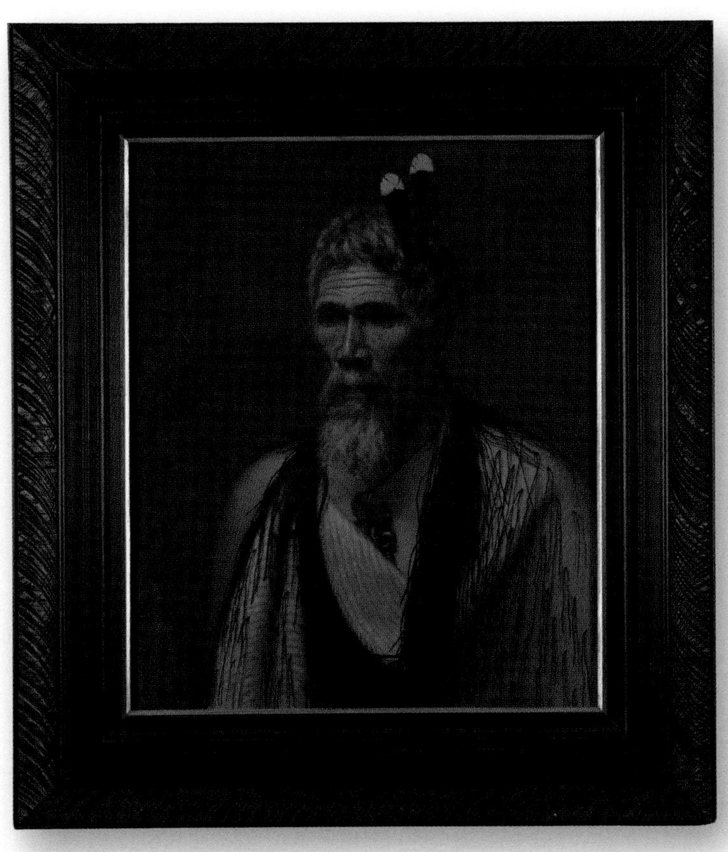

Kua tohua tēnei whakaahua ki ngā pū 'CM' me te tau 1882 – ahakoa tērā, kāore he paku kōrero i kitea e pā ana ki te kōtiro, ki te ringatoi rānei.

E noho tōtika ana te kōtiro nei, ānō nei kua toka i te roa o te huranga o te kāmera, ā, he mārō tōna titiro. He mea peita pea tēnei mai i tētahi whakaahua – hanga koretake nei te tāera a te ringatoi, nāna anō pea ia i whakaako.

E whakaahua ana te koti papamōnehu mangu i ngā tāera kākahu o te wāhine i ngā tau mātāmuri o te rautau 1900 – engari i mau te panekoti poto i ngā kōhine tae atu ki te tekau mā rua, ki te tekau mā toru tau rānei te pakeke.

Me mau hū tika i ngā ngahere pōharuharu o Aotearoa, ahakoa ōna 'pūweru papai' – kei te mau pūtu mārō ia. Kua huri tōna pōtae hei rourou, e mau ana i ngā putiputi me ngā rau ponga i kohia ki roto i te ngahere.

He 'kēhi pukapuka' tēnei hei, he tino taonga i te wā o Wikitōria. Nō te huakitanga, ka kitea ngā whakaahua iti o ngā hoa pūmau, pēnei i tētahi puka whakaahua iti.

Tē mōhiotia te ringatoi
Aotearoa

Ingoa-kore (Ko hine i te wao), 1882

Peita hinu, kānawehi, taitapa 1075 × 797mm

He mea hoko nā te pūtea a Te Puna Tahua, 1995 (1995-0014-1)

This painting is signed 'CM', and dated 1882, but no research has been able to uncover any trace of the girl's identity, or the artist who painted her.

The girl is stiffly posed, as if frozen in a long photographic exposure, and her expression is stern. The painting may be based on a studio photograph – the style is naïve, suggesting a self-taught artist.

The girl's black velvet jacket mimics women's fashion in the late 1800s – but with the short skirt worn by girls up to the age of twelve or thirteen.

The muddy New Zealand bush required sturdy footwear; even in her 'best dress', the girl is wearing hobnailed boots. Her hat has become a makeshift basket holding flowers and sprigs of ferns collected in the bush.

Her necklace is a 'book locket', a popular item of Victorian jewellery that, when opened, revealed many small photographs of loved ones, like a miniature photo album.

Artist unknown
New Zealand

Untitled (Girl in a bush setting), 1882

Oil on canvas, frame 1075 × 797mm

Purchased 1995 with New Zealand Lottery Grants Board funds (1995-0014-1)

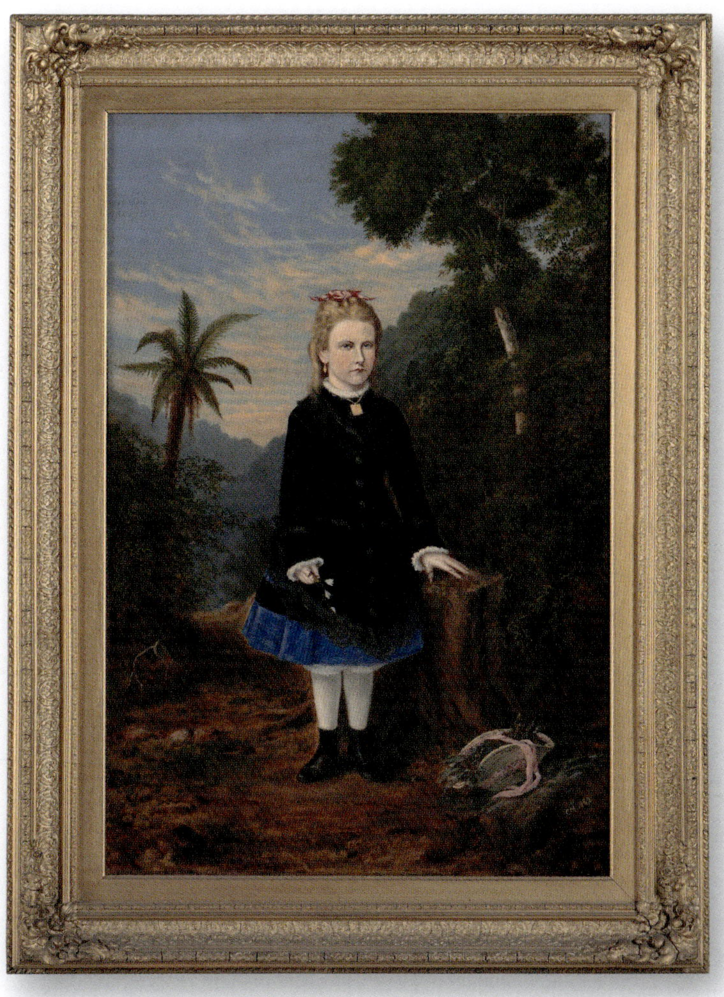

He iho pūmanawa te ringatoi nei a John Steele (1842–1918) ki Tāmakimakaurau i ngā tau mātāmuri o te rautau 1900. He tokomaha ngā ringatoi nō Aotearoa i whakaakona e ia, pēnei i a Charles F Goldie. I te waihangatanga o tēnei kōwaiwai kiritangata e Goldie, ko ia te whetū maiangi o te ao toi.

I whānau mai a Steele i Ingarangi, ā, i whakangungua ia ki Parī me Itāria. I hūnuku mai ia i te tau 1886 me te kawe mai i ngā āhuatanga Pohemia ki te hapori toi o te wā. E tohu ana ngā makawe roroa me te huru ngutu tīwekaweka o Steele i tana āhua Pohemia – ko ia tētahi o ngā nanakia o Tāmakimakaurau.

Kāore ētahi wāhanga o te kānawehi i peitatia – kāore i te rite ki ngā kōwaiwai kiritangata o ngā tangata Māori nā Goldie, te āhua nei kāore anō kia oti.

Charles F Goldie (1870–1947)
Aotearoa

***Portrait of Louis John Steele*, takiwā o 1910**

Peita hinu, kānawehi, taitapa 796 × 676mm

He mea hoko nā te pūtea a Te Puna Tahua, 2000 (2000-0002-1)

Artist Louis John Steele (1842–1918) was an influential figure in late 1800s Auckland. He taught many New Zealand artists, among them Charles F Goldie. When Goldie painted this portrait of his friend and former teacher, he was the art world's new star.

Steele was born in England and trained in Paris and Italy. He emigrated to New Zealand in 1886, bringing a dose of bohemianism to the colonial art scene. His long hair and untrimmed moustache hint at his bohemian leanings – he was one of Auckland's most colourful figures.

The canvas is unpainted in places – it lacks the polished surface of Goldie's portraits of Māori, and may be unfinished.

Charles F Goldie (1870–1947)
New Zealand

***Portrait of Louis John Steele*, about 1910**

Oil on canvas, frame 796 × 676mm

Purchased 2000 with New Zealand Lottery Grants Board funds (2000-0002-1)

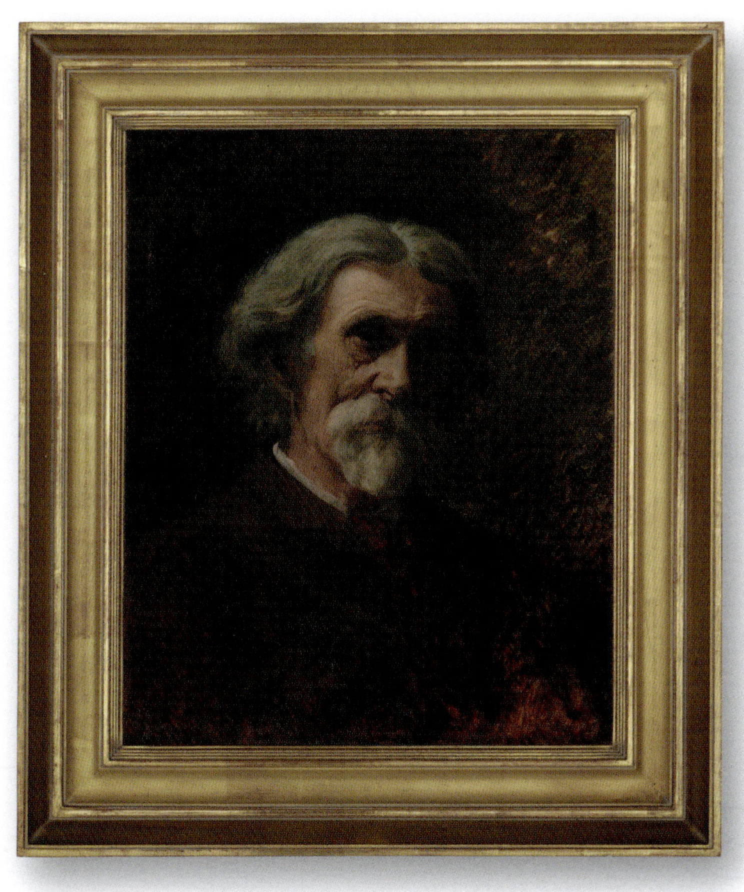

Ko Taketake Rangitipu, rangatira nō Whanganui, tētahi o ngā tino kaupapa whakaahua i ngā tau mātāmua o 1900 – heoi, kāhore i nui ngā kōrero mōna.

Ko te kōwaiwai kiritangata – he mea peita ki runga i te papa mārō tēnā i te kānawehi – he rite ki tētahi whakaahua nā W H T Partington, he kaihopu whakaahua nō Tāmakimakarau. Ko te āhua nei he mea whakamahi nā te ringatoi a Wilhelm Dittmer hei tauira mō tana kōwaiwai: mā te aho hihi pōkākā ka kitea āna rārangi tukutuku i tāwhaitia hei tā i te āhua o Rangitipu.

Kei te mau mōtoi mako a Taketake. He tāera nō taua wā te tāpiri ake i te harare pūwhero me te rīpene mangu ki tēnei momo whakakai.

Wilhelm Dittmer (1866–1909)
Tiamani

***Taketake* [Ngāti Ruaka], takiwā o 1904**

Peita hinu, pepa mārō, taitapa 718 × 555mm

He takoha nā Alexander Turnbull, 1916
(1992-0035-1686)

Whanganui chief Taketake Rangitipu was a favourite subject for photographers in the early 1900s but little is known about his life.

The portrait, made on cardboard rather than canvas, closely resembles a photograph by Auckland photographer W H T Partington. The artist, Wilhelm Dittmer, appears to have used this as the basis for his painting: in infrared light, the pencil gridlines he made to transfer Rangitipu's image are visible.

Taketake is wearing the tooth of a mako shark as an earring. It had become fashionable to add red sealing wax and black ribbon to the customary adornment.

Wilhelm Dittmer (1866–1909)
Germany

***Taketake* [Ngāti Ruaka], about 1904**

Oil on cardboard, frame 718 × 555mm

Gift of Alexander Turnbull, 1916
(1992-0035-1686)

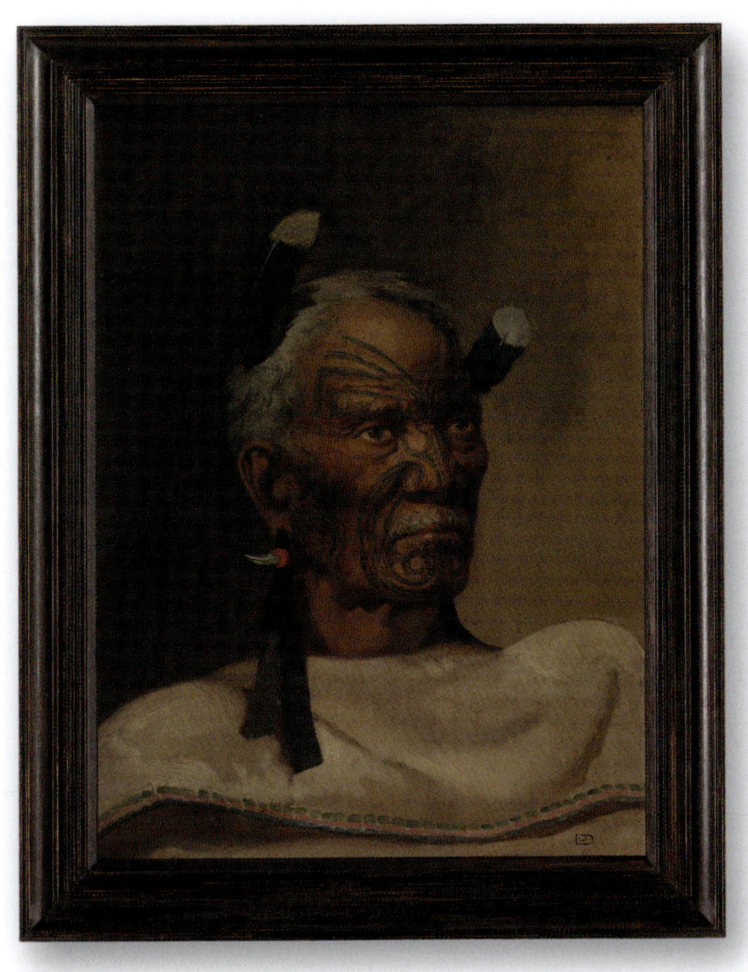

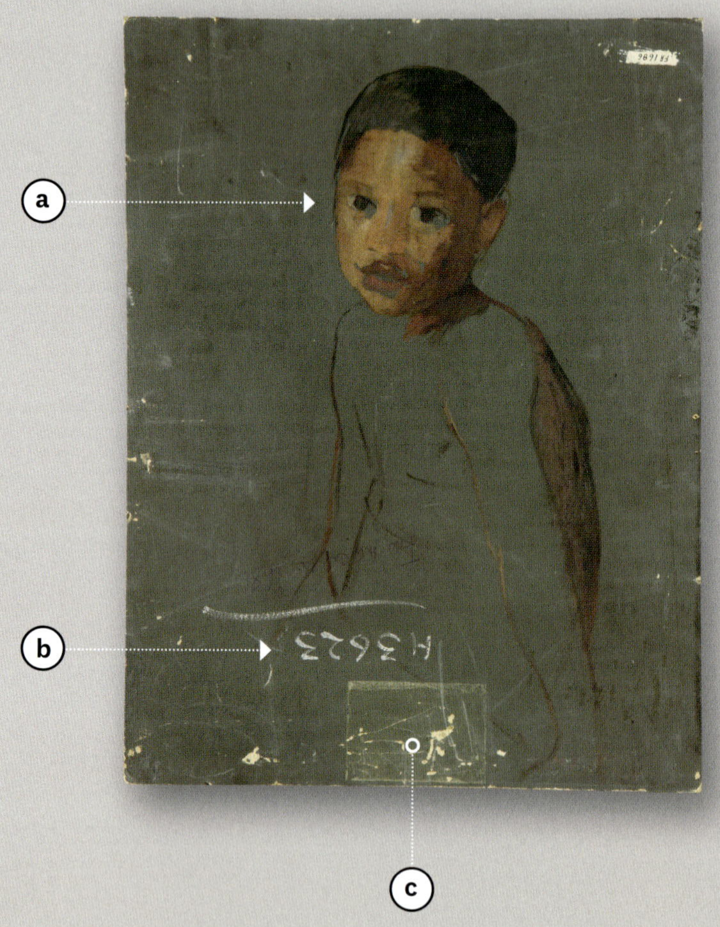
a
b
c

He kura huna

He wā anō, ka ohorere te tangata i ngā āhuatanga ka kitea ki muri o te kōwaiwai – he mahi toi anō pea e huna ana, pērā ki tēnei huahua o tētahi tama Māori.

a He whānui, he māia te rere o te rākau tā a Wilhelm Dittmer hei peita i te kanohi o te tama, hei whakaahua hoki i tōna tinana. Tērā pea, he mea peita tēnei tama nō tōna āhua tūturu, kāore i rite ki te kiritangata o mua.

b Kua peitahia tētahi o ngā tau whakarārangi toi o mua ki tērā atu taha. Mahea ana te kite atu, he nui ngā tuhituhi, ā, kua tāia ki runga tonu i te whakaahua – he hara nui tērā i ēnei rā.

c Ko te papa peita hinu tētahi momo kāri i whakaputaina i waenga i te rautau 1800 – he rauemi pai hei kawe mā te ringatoi i āna haerenga. Tōna tikanga, kei te tapanga ngā kōrero mō te kaiwhakaputa – heoi, kua ngaro kē.

Hidden art

The reverse of a painting can hold delightful surprises – and even hidden works of art, like this painted sketch of a Māori boy.

a Wilhelm Dittmer has used broad, confident brushstrokes to model the boy's face and suggest a torso. Unlike the portrait on the front, he may have painted the boy from life.

b An early catalogue number has been painted on the reverse. This has been done very conspicuously in large script and over the image – a practice that would not be condoned today.

c Academy boards are sheets of prepared cardboard, produced from the mid-1800s – an ideal material for a travelling artist. The missing label would have identified the manufacturer.

Ko Harata Rewiri Tarapata (1831–1913) tētahi o ngā tino kaupapa whakaahua a Charles F Goldie. Nōna e rangatahi ana, i kawe hāmanu ia ki ngā toa o Ngāpuhi ki Ruapekapeka (1845–46) me ētahi atu riri matua o ngā Pakanga Whenua. Ahakoa tērā, anei ia e tuohu ana.

He rongonui ngā kōwaiwai kiritangata a Goldie mō te tūturu o ngā āhua o ngā kaumātua Māori. Kei te mau hei tiki a Tarapata. Kua āta mau i a Goldie ngā ia-auraki o ōna ringaringa me te mōhinuhinu o te pounamu – i rongonui ia i tēnei momo mahi.

E takoto ana te hou huia – he tohu mana nui – i runga i tētahi mere pounamu kua takaia ki te kahu kurī.

He taonga, he take tautohetohe hoki ngā kōwaiwai kiritangata. I ngā tau tōmua o te rautau rua tekau, i te wā i peitahia tēnei, hei tā te nuinga, e 'manawa kiore' ana te iwi Māori – e ai ki ētahi, i whakapūmau a Goldie i taua pōhēhē nui i āna tānga o ngā āhua, pērā i tēnei kete tāwekoweko, ānō nei kua hē ngā rā o te iwi Māori.

Charles F Goldie (1870–1947)
Aotearoa

***The widow* [ko Harata Rewiri Tarapata o Ngāpuhi], 1903**

Peita hinu, kānawehi, taitapa 1770 × 1505mm

He mea hoko nā te pūtea motuhake a te Minita me Te Puna Tahua, 1991 (1991-0001-2)

Harata Rewiri Tarapata (1831–1913) was one of artist Charles F Goldie's favourite subjects. As a teenager, she delivered ammunition to Ngāpuhi warriors at Ruapekapeka (1845–46) and other key battles of the New Zealand Wars. But here, her head is bowed in resignation.

Goldie is famous for his extraordinarily realistic portraits of elderly Māori. Tarapata holds a hei tiki, and Goldie has captured the veins of her hands and the translucence of the pounamu in great detail.

A huia feather – a symbol of mana – lies on top of a mere pounamu wrapped in a kahu kurī.

Goldie's portraits are powerful, and controversial. In the early twentieth century, at the time this was painted, Māori were considered a 'dying race' – a myth some feel Goldie perpetuated by including details such as the frayed flax kete that can be interpreted as presenting Māori culture as a faded glory.

Charles F Goldie (1870–1947)
New Zealand

***The widow* [Harata Rewiri Tarapata, Ngāpuhi], 1903**

Oil on canvas, frame 1770 × 1505mm

Purchased 1991 with Minister's discretionary funds and New Zealand Lottery Grants Board funds (1991-0001-2)

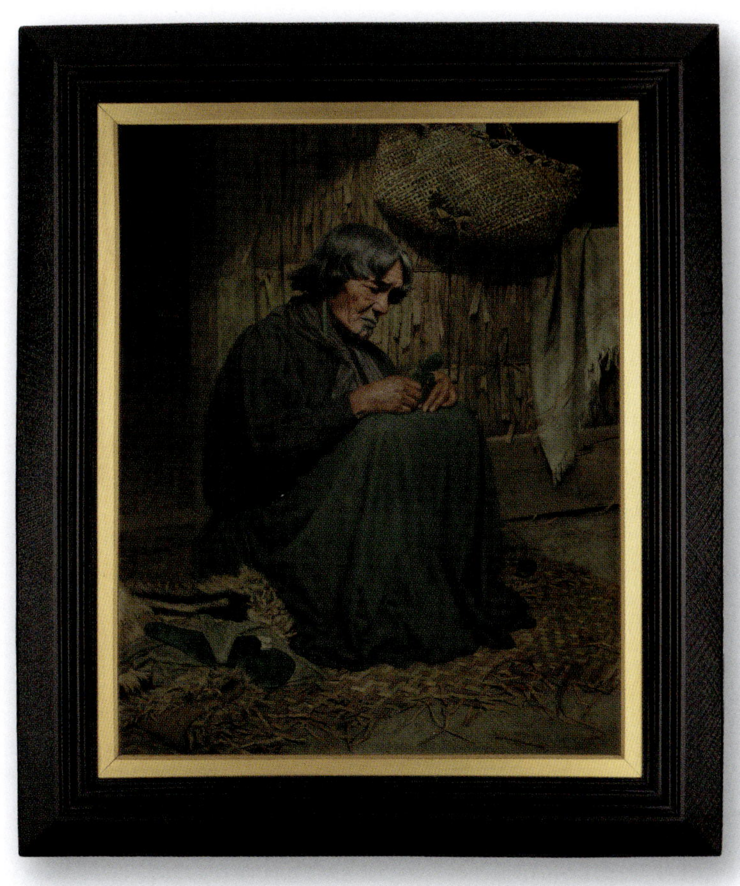

Kita ana tōna waha, kua mārō tōna kauae, he tōtika hoki tana noho. Ehara i te mea kei te anga whakawaho ōna kanohi, engari kē kei te hāngai tana titiro ki te pātū kōwaiwai kiritangata.

Pēnei i te pūtātara (kei te kuhunga o te wharetoi me tēnei pukapuka), e wero ana tēnei wahine i ngā whakaahua a te Pākehā o te Māori. Neke atu i te kotahi rau tau nō te whakatutukitanga o te kōwaiwai kiritangata nei, kei te kitea tonutia tōna mana – he mana e kore e riro i te ringatoi me te hunga mātakitaki.

Kīhai anō kia mōhiotia ko wai tēnei wahine, heoi, he mea titia ngā makawe ki te hou huia, he tohu rangatira.

Wilhelm Dittmer (1866–1909)
Tiamani

Ingoa-kore (He wahine Māori), takiwā o 1904

Peita hinu, pepa mārō, taitapa 741 × 585mm

He mea hoko 1905 (1992-0035-1797)

Her mouth is firm, her jawline strong, and her bearing upright. Her eyes do not meet ours. Instead, she casts a steady gaze back along this wall of portraits.

Like the pūtātara (at the start of the gallery and this book), this unidentified woman represents a challenge to European depictions of Māori. Over a century after she sat for her portrait, she asserts a strong and enduring presence – maintaining a sense of self that resists both the artist and the viewer.

The identity of this woman is not yet known, but the huia feather she wears in her hair indicates her mana.

Wilhelm Dittmer (1866–1909)
Germany

Untitled (Māori woman), about 1904

Oil on cardboard, frame 741 × 585mm

Purchased 1905 (1992-0035-1797)

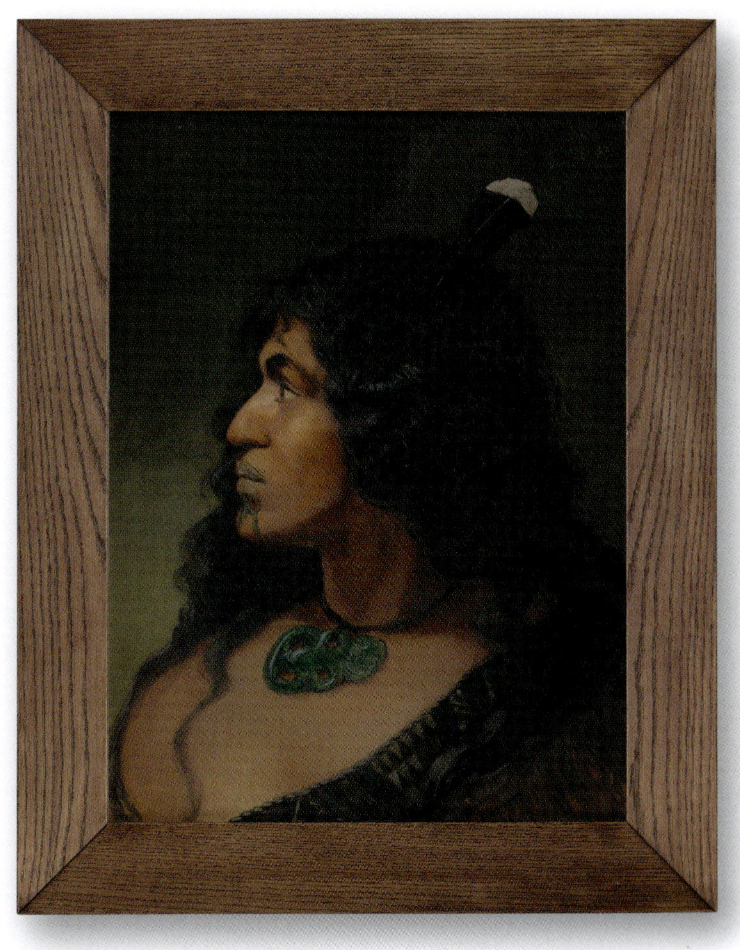

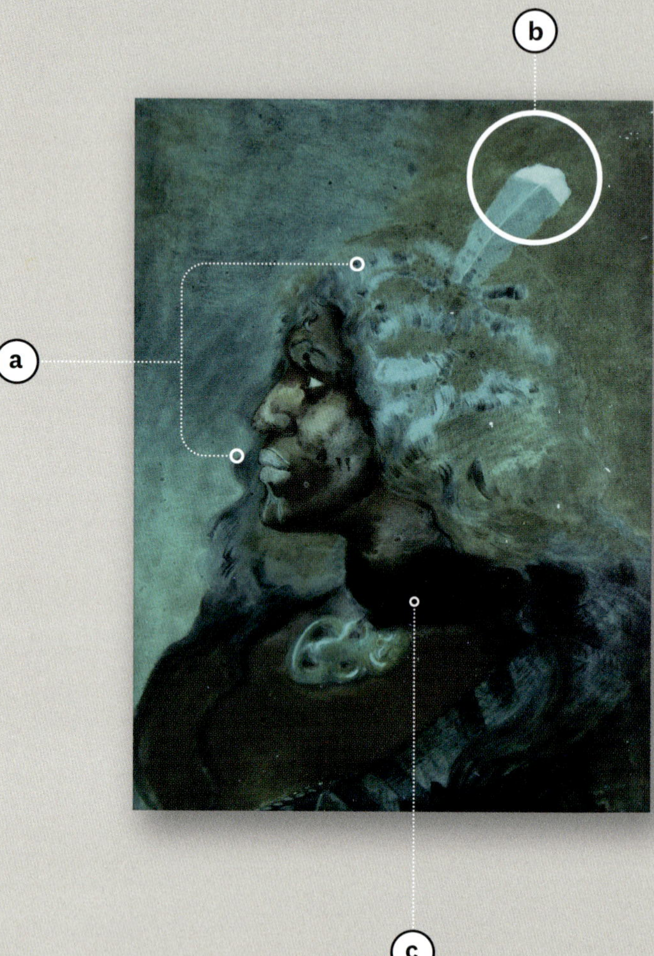
a
b
c

Ngā wānihi me ngā kano

He rerekē anō te āhua o te kōwaiwai hinu kei raro i te hihi katikati. Mā te hihi katikati e kitea ai ngā tohu motuhake a te wānihi me ngā kano e tohu ana i ngā rautaki toi me ngā rawa a te ringatoi.

a Nā te ringatoi te wānihi kāpia i pahawa kia pīata mai ai te makawe me ngā ngutu a te wahine. He kārikiōrangi te tae o ēnei kāpia māori ki raro i ngā hihi katikati.

b Kua pania te tihi o te rau huia e te peita konumatā mā. He mā tonu te tae o te peita konumatā ki raro i ngā hihi katikati, engari he pāpura kē te āhua o ngā peita mā o ēnei rā – koinā tētahi tohu o te kōwaiwai horihori.

c Ko te mahi a Dittmer he uhi i te peita hinu ki runga ake i te wānihi kia puta mai tētahi wāhi mātāuri ki te kakī o te wahine.

Varnishes and pigments

An oil painting looks very different under ultraviolet light. Varnishes and pigments have a distinctive UV 'signature' – a rich source of information about an artist's techniques and materials.

a The artist has daubed dammar – a varnish made from tree gum – to add gloss to the woman's hair and lips. These natural resins appear blue-green under ultraviolet light.

b The tip of the huia feather has been painted with white lead paint. Lead paint stays white under ultraviolet light, whereas its modern equivalent appears purple – a useful way of detecting forgeries.

c A dark shadow shows where Dittmer applied oil paint over the varnish to create subtle shading at the woman's throat.

Mō ngā ringatoi | About the artists

William Allsworth
(1811–1864) Ingarangi / England

He ringapeita kiritangata a William Allsworth i Rānana, ā, i whakaatuhia āna mahi ki te Royal Academy. Ko *The emigrants* tana kōwaiwai hirahira katoa: i tāngia hei mātātuhi whakaata i te takiwā o te tau 1855, ā, ko te whakaahua matua tērā e kitea ai te hūnukutanga mai a Ngāi Kotirana ki Aotearoa nei.

William Allsworth worked as a portrait painter in London and exhibited at the Royal Academy. *The emigrants* is his most significant painting: it was published as a lithograph around 1855, and became the definitive image of Scottish emigration to New Zealand.

William Beechey
(1753–1839) Ingarangi / England

He tino rangatira a William Beechey i ngā tau tōmuri o te rautau 1700 me ngā tau tōmua o te rautau 1800 – he wā whakahirahira mō ngā kōwaiwai kiritangata nō Piritana. I whai mana ia i te pai o āna mahi, ā, i tonoa ia e te whānau ariki me ētahi atu rangatira o aua wā rā.

William Beechey was a major figure in the late 1700s and early 1800s – the golden age of British portrait painting. He was respected for his ability to capture a good likeness, and received commissions from the royal family and other notables of the day.

William Beetham
(1809–1888) Ingarangi, Aotearoa / England, New Zealand

I whānau mai a William Beetham i Ioka, me te aha, ko ia te mātanga ringapeita kiritangata tuatahi i tau mai ai ki Aotearoa. I muri tata tonu i tana taenga mai ki Pōneke, i whiwhi ia i tana tono tuatahi – he kōwaiwai kiritangata murimate o Te Rauparaha, he rangatira nō Ngāti Toa. I angitū ia i roto i ngā tau mō tana peita i ngā rangatira Māori me ngā rangatira Pākehā anō hoki.

Yorkshire-born William Beetham was the first professional portraitist to settle in New Zealand. Soon after he arrived in Wellington, he received his first commission – a posthumous portrait of Ngāti Toa leader Te Rauparaha. He went on to find success painting prominent Māori and Pākehā.

Margaret S Carpenter

(1793–1872) Ingarangi / England

He ringatoi whai pūtea a Margaret i mua i tōna huritau rua tekau mā tahi – me uaua ka kite i tērā āhuatanga o te wahine i te rautau 1800 i Rānana. I te roanga ake o tōna oranga, i whakaatu ia i āna tini kōwaiwai ki te Royal Academy me ētahi atu wāhi hirahira.

Margaret Sarah Carpenter was a financially independent artist by the age of twenty-one – an exceptional achievement for a woman in 1800s England. Over her lifetime, she exhibited hundreds of paintings at the Royal Academy and other important institutions.

John Singleton Copley

(1738–1815) Amerika, Ingarangi / America, England

He rongonui a John Singleton Copley, nō Amerika, mō tana peita i ngā kōwaiwai kiritangata rerehua o ngā rangatira ō uki. I te tau 1774, i heke haere ngā āhuatanga o te ao tōrangapū me te ao ōhanga i tōna tūrangawaewae, i Pāhitana, nā te Riri Tino Rangatiratanga o Amerika i waenga i ngā kaitāmi me Piritana. I wehe atu ia ki Ingarangi, tē hoki atu ai.

John Singleton Copley was one of colonial America's finest painters of portraits and historical subjects. In 1774, political and economic conditions in his native Boston began to deteriorate ahead of the War of Independence between the colonists and Britain. He left for England, never to return.

George Dawe

(1781–1829) Ingarangi / England

He mātanga wetereo, he kaituhi, he ringapeita hoki a George Dawe i ngā whānau ariki me ētahi atu rangatira o te wā. Nō te whakatutukinga o ngā kōwaiwai kiritangata e toru rau i Rūhia, ka hau tōna rongo ki Ūropi – heoi anō, ko tana hauora te utu.

George Dawe was a linguist and author as well as a painter of royalty and society figures. He became famous throughout Europe after completing 300 portraits in Russia – an exhausting commission that ruined his health.

Wilhelm Dittmer

(1866–1909) Tiamani / Germany

I noho te ringatoi nei a Willhelm Dittmer, nō Tiamana, ki Aotearoa mai i te tau 1898 ki te tau 1905. I auraki ia ki Taupō ki reira peita ai i ngā kōwaiwai kiritangata o te Māori. He tā huahua, he peita pikitia tana mahi huri noa i te takiwā o te Awa o Whanganui.

German artist Wilhelm Dittmer lived in New Zealand between 1898 and 1905. He travelled to Taupō to paint portraits of Māori, and also spent time sketching and painting around the Whanganui River.

Norman Garstin

(1847–1926) Airani, Ingarangi / Ireland, England

He ringatoi, he kaiako, he kaihōmiromiro toi hoki a Norman Garstin, nō Airani. Ko ia tētahi o ngā pou o Newlyn School, he rangapū ringatoi i Kāngawāra, i Ingarangi. I haere a Dorothy Kate Richmond rāua ko Francess Hodgkins, he ringapeita nō Aotearoa, ki te kura rā.

Norman Garstin was an Irish artist, teacher, and art critic. He was a leading figure of the Newlyn School, an artists' colony in Cornwall, England, where New Zealand painters Dorothy Kate Richmond and Frances Hodgkins spent time.

Charles F Goldie

(1870–1947) Aotearoa / New Zealand

I whānau mai a Charles Frederick Goldie i Tāmakimakaurau, ā, i whakangungua ia hei ringapeita ki Parī. I rongonui ia i te hāngai o ngā whakanikoniko o āna kōwaiwai kiritangata o te Māori.

Charles Frederick Goldie was born in Auckland, and trained as a painter in Paris. He became renowned for his highly naturalistic, detailed portraits of Māori.

Gottfried Lindauer

(1839–1926) Pohemia, Aotearoa / Bohemia, New Zealand

I whānau mai a Gottfried Lindauer i Pohemia, ā, i whakangungua ia ki Whiena. I tae mai ia ki Aotearoa i te tau 1874. He rongonui āna kōwaiwai kiritangata o ngā rangatira Māori me ngā tāngata mana nui o te wā, he mea tono āna mahi e te Māori me te Pākehā.

Born in Bohemia (today's Czech Republic) and trained in Vienna, Gottfried Lindauer arrived in New Zealand in 1874. He is best known for his portraits of Māori leaders and public figures, commissioned by both Māori and Pākehā clients.

James M Nairn

(1859–1904) Kotirana, Aotearoa / Scotland, New Zealand

I kawe mai te Kotimana, a James McLaughlin Nairn, i tana tāera peita Toi Kōpura ki Aotearoa i tana taenga mai i te tau 1890. I tū ia hei kaiako ki te Wellington School of Design, nāna ngā akomanga peita tangata i tīmata, nāna hoki ngā tauira i āki ki te peita ki waho o te akomanga.

The Scotsman James McLaughlin Nairn brought an influential Impressionist-inspired style of painting to Wellington when he arrived in 1890. He became a teacher at the Wellington School of Design, where he introduced life drawing classes and encouraged students to paint *en plein air* (outdoors).

Louis John Steele

(1842–1918) Ingarangi, Aotearoa / England, New Zealand

I rongonui kē a Louis John Steele i Ingarangi mō āna mahi peita me āna mahi tā whakairoiro i mua i tana taenga mai ki Aotearoa. I whakaahua ia i ngā tāngata mana nui o Tāmakimakaurau, i ngā rangatira Māori ō uki hoki. I te nuinga o te wā, i mahi tahi rātou ko āna tauira, ko Charles F Goldie tāna tauira rongonui rawa.

Louis John Steele was already an established painter and engraver in England before he came to New Zealand. He depicted Auckland society figures, and also subjects from Māori history, often in collaboration with his students, most notably Charles F Goldie.

Petrus van der Velden

(1837–1913) Hōrana, Aotearoa / Netherlands, New Zealand

I rongonui a Petrus van der Velden i Tati mō ā na mahi toi i mua i tana taenga mai ki Aotearoa. Hei tā Vincent van Gogh, 'he pakari, he ringapeita tūturu' ia. I mōhiotia ia mō āna mahi whakaahua whenua, heoi, i ētahi wā, i whai pūtea ia i āna mahi kōwaiwai kiritangata.

Petrus van der Velden was well known in Dutch art circles before he moved to New Zealand. Vincent van Gogh described him as a 'solid, serious painter'. He is best known for his moody landscapes, but made money when he could through portraiture.

Tene Waitere

(1854–1931) Aotearoa / New Zealand

Ko Tene Waitere (Ngāti Tarāwhai) tētahi o ngā tino tohunga whakairo o Rotorua. Ko ia tētahi o ngā tohunga whakairo i waihanga i ētahi taonga whakamahara auaha mō te iwi tūruhi i ngā tau waenga o te rautau 1900. I tonoa hoki ōna pūkenga e te Māori me te Pākehā.

Tene Waitere (Ngāti Tarāwhai) was one of the most esteemed master carvers of the Rotorua area. He was among several prominent Māori carvers in the 1900s who made innovative souvenirs for the emerging tourist market, alongside more substantial commissions from Māori and Pākehā.

John Webber

(1751–1793) Ingarangi / England

Rua tekau mā rima tau te pakeke o John Webber ka tohua ia hei ringatoi mō te haerenga tuatoru o James Cook ki Te Moana-nui-a-Kiwa (1776–80). Ka rongonui ia hei ringapeita i āna whakaahua o ngā tāngata me ngā wāhi i kitea ai e ia.

John Webber was twenty-five when he became the official artist for British explorer James Cook's third voyage to the Pacific (1776–80). His images of the people and places he encountered sealed his reputation as a painter.

Kuputaka | Glossary

hapū	kinship group
hei tiki	pendant in human form
hukahuka	tassels
kākahu	feather cloak
kahu kurī	dogskin cloak
kapeu	ear pendant
kete	basket
kōwhai ngutu kākā	kākā beak
korowai	tasseled cloak
kurī	dog
iwi	tribe
mana	status / reputation / sovereignty
marae	courtyard, meeting place
matapihi	window
mere pounamu	greenstone weapon
moko	skin designs, tattoo
moko kauae	female chin and mouth tattoo
pare	lintel
pounamu	New Zealand greenstone
pūoro	music
pūtātara	conch-shell trumpet
rangatira	chief
rohe	district, region
taiaha	fighting staff
tā moko	to apply tattoo
tangata	person, man
tangihanga	funerals
taonga	treasures
Te Moananui-a-Kiwa	the Pacific, the great sea of Kiwa
tikanga	customs
tīpuna	ancestors
tohunga	expert
uri	descendent
wahine	woman
waka	canoe
whakairo	carving
whakapapa	genealogy
whānau	family
wharenui	carved meeting house
whenua	land, placenta

Hei pānui anō | Further reading

Bell, Leonard, *Colonial Constructs: European Images of Maori 1840–1914*, Auckland University Press, Auckland, 1992.

Blackley, Roger, *Galleries of Maoriland: Artists, Collectors and the Māori World, 1880–1910*, Auckland University Press, Auckland, 2018.

Blackley, Roger, *Goldie: The Art of Charles F Goldie*, Auckland Art Gallery Toi o Tāmaki/David Bateman, Auckland, 1997.

Gill, Linda (ed.), *Letters of Frances Hodgkins,* Auckland University Press, Auckland, 1993.

Gray, Anne, *Face: Australian Portraits 1880–1960*, National Portrait Gallery, Canberra, 2010.

Kisler, Mary, *Angels and Aristocrats: Early European art in New Zealand Public Collections*, Godwit, Auckland, 2010.

Mason, Ngahiraka and Zara Stanhope, *Gottfried Lindauer's New Zealand: The Māori Portraits*, Auckland University Press, Auckland, 2020.

McAloon, William (ed.), *Art at Te Papa*, Te Papa Press, Wellington, 2009.

Neich, Roger, *Carved Histories: Rotorua Ngāti Tarāwhai Carving*, Auckland University Press, Auckland, 2001.

Smith, Bernard, *Imagining the Pacific in the Wake of the Cook Voyages*, Melbourne University Press, Melbourne, 1992.

Stocker, Mark (ed.), *New Zealand Art at Te Papa*, Te Papa Press, Wellington, 2018.

Trevelyan, Jill, *Rita Angus: An Artist's Life*, Te Papa Press, Wellington, 2021.

Vial, Jane, *Te Ru: Movers and Shakers: Early New Zealand Portraits by William Beetham*, New Zealand Portrait Gallery, Wellington, 2013.

Waters, Linda, Sarah Hillary and Jenny Sherman, *The Back of the Painting: Secrets and Stories from Art Conservation*, Te Papa Press, Wellington, 2021.

Wolfe, Richard, *New Zealand Portraits*, Viking, Auckland, 2008.

He mea whakaputa tuatahi mai ki Aotearoa i te tau 2021
nā Pouaka Poutāpeta 467, Te Whanganui-a-Tara, Aotearoa

www.tepapapress.co.nz

Kei Te Puna Mātauranga o Aotearoa ngā kōrero e pupuri ana

ISBN 978-0-9951136-5-7

I pūtakea mai ēnei kōrero i ngā tānga ā-hiko a Rebecca Rice rātou ko Matariki Williams, ko Mark Stocker, ko Helen Curran

He mea whakamāori nā Ranea Aperahama rāua ko Stephanie Tibble

Nā Greg Simpson ngā mahi hoahoa

Nā Michael Hall, Johnny Hendrikus, Maarten Holl, Norm Heke, Jo Moore, Michael O'Neill ngā whakaahua

Nā Maarten Holl ngā whakaahua kei te uhi

Nā Jeremy Glyde ngā whakaahua ā-matihiko

He mea tā nā 1010 Printing Asia Limited

First published in New Zealand in 2021 by Te Papa Press, Te Papa Press, PO Box 467, Wellington, New Zealand

www.tepapapress.co.nz

A catalogue record is available from the National Library of New Zealand

ISBN 978-0-9951136-5-7

Original digital label text by Rebecca Rice, Matariki Williams, Mark Stocker and Helen Curran

Translations by Ranea Aperahama and Stephanie Tibble

Design by Greg Simpson

Photography by Michael Hall, Johnny Hendrikus, Maarten Holl, Norm Heke, Jo Moore, Michael O'Neill

Cover photograph by Maarten Holl

Digital imaging by Jeremy Glyde

Printed by 1010 Printing Asia Limited

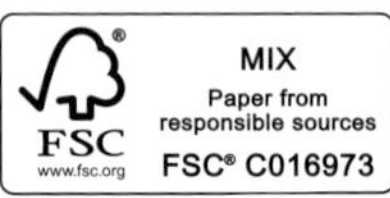